解读中国铁路 科普丛书
JIEDU ZHONGGUO TIELU KEPU CONGSHU

漫话
MANHUA
高速列车
（第二版）
GAOSULIECHE

杨中平　著

中国铁道出版社
2013年·北京

内 容 简 介

　　什么是高速列车？高速列车和动车组是一回事吗？如何向高速列车供电？高速列车为什么跑得这么快？乘坐高速列车上为什么不需要系安全带？……本书为你解读高速列车的车体与转向架、牵引传动系统、制动技术、受流技术、运行控制系统和节能降噪技术，向你全方位介绍世界各国高速列车的演变并重点展现中国高速列车的发展之路。

图书在版编目（CIP）数据

　　漫话高速列车／杨中平编著．—2版．—北京：
中国铁道出版社，2013.11（2019.9重印）
　　ISBN 978-7-113-17521-4

　　Ⅰ．漫…　Ⅱ．①杨…　Ⅲ．高速列车－普及读物
Ⅳ．① U292.91-49

　　中国版本图书馆 CIP 数据核字 (2013) 第 248933 号

书　　名：漫话高速列车（第二版）	
作　　者：杨中平	

责任编辑：许士杰　宋　薇	编辑部电话：(010) 51873204
编辑助理：郭　静	
封面题字：吴俊亮	环衬篆刻：邹　路
装帧设计：千荷园	
责任印制：陆　宁	

出版发行：中国铁道出版社（100054，北京市西城区右安门西街 8 号）
网　　址：http://www.tdpress.com
印　　刷：天津画中画印刷有限公司
版　　次：2009 年 6 月第 1 版　　2019 年 9 月第 2 版第 3 次印刷
开　　本：787mm×1092mm　　1/16　　印张：14.5　　字数：289 千
书　　号：ISBN 978-7-113-17521-4
定　　价：68.00 元

"解读中国铁路"科普丛书

总顾问　　孙永福（中国工程院院士）

总策划　　郑建东　吕长清

策　划　　国建华　钟加栋

主　编　　严介生　丁国平　吴大公

主　审　　何华武（铁道部总工程师
　　　　　　　　　　中国工程院院士）

自　序

近几年，每次回到我的家乡涪陵——一座在长江边上因榨菜而广为人知的小城，母亲总会问我："从北京到重庆的高速铁路什么时候开始修？涪陵到重庆的高铁什么时候才能开通？"母亲每年都要坐火车来北京小住，从重庆到北京，即使乘特快列车也约需24小时，日渐年迈的她总是视这趟列车之旅为畏途。母亲文化程度不高，高铁于一个国家的综合交通发展、经济发展、相关产业推动、国家形象提升等战略意义，这些大道理，她不能懂得。然而，倘若有了高铁，车次便会比现在多，她就不用再去为一张火车票犯愁，然后在宽敞舒适的高速列车车厢里呆上几个小时就能轻松来到北京，这些，她晓得。

我相信，在我们国家，像我母亲一样盼望高铁早日修到自己家乡的人，还有很多；渴望了解国家高速铁路发展现状、高速铁路技术的人，也很多。也许正是这个原因，这本小书的第一版在出版三年后即将售罄，于是出版社希望能够再版，这便成了第二版问世的第一个缘由。

有谁曾料想过中国高速铁路发展有如此之快么？20世纪90年代，我在日本念书的时候，偶然与日本同学谈起对中国高速铁路的展望，我说："今后中国的京沪、京广、京哈三大干线高速铁路在高峰期时段的发车间隔应小于十分钟。"那位同学说："喔，你想得那么远……"，并伴以神秘的一笑。他的语气与笑容都在告诉我：中国要修建高速铁路，还早着呢，你想得太长远了。是的，在那个时候，高速铁路对我这样一个中国人来说还是一个较为遥远的梦想。然而，进入21世纪之后，只经过短短的几年时间，如今中国高速铁路里程已是日本新干线里程的3倍有余，比日、法、德三国的里程之和还多。除此之外，世界最高运营时速350公里的京津城际高速铁路的开通、卧铺动车组的研制、耐高寒的哈大高速铁路的修建等等，中国在世界高速铁路大舞台上都有为世人称道的不俗表现。我想，中国高速铁路发展之快、规模之大、影响之广，不但非铁路界人士没有想到，大约连中国高速铁路建设者的大多数人也不曾想到吧。中国在2009年——拙著第一版出版的那一年——之后的发展情形，也应该介绍给关心中国高速铁路发展的人们，这是促成这本小书第二版问世的第二个缘由。

2013 年春天，我找出国内外的各种相关资料，开始动手改写第一版。在常常被雾霾笼罩的北京，坐在家中书房里写作此书，让在人生道路上匆忙前行的我，觉得还在做着自认为有点儿意义的事情，茫然的内心总能获得短暂的安宁。时断时续，历时约半年，终于完成了第二版的改订。

　　第二版保持了第一版的章节结构，但对各章涉及到的各种数据进行了修订，同时还增写了以下内容：

　　第三章《国外高速列车一瞥》增写了日本最新的新干线列车 E5、E6 系以及法国 AGV 列车的内容，还增加了《欧洲其他国家的高速列车》一节，重点介绍意大利、西班牙和瑞典的有代表性的几种高速列车；第四章《奔向高速之路》新增了《世界最大高速铁路网》和《几条代表性的高速铁路》两节，这两节主要介绍了 2008 年后中国高速铁路的发展状况；中国南车和北车集团研制的 CRH380 系列动车组，最高运行速度达 380 公里／小时，第五章《中国高速列车》增加了已经投入商业运行的该系列的几种车型的介绍；常有人问起"为何高速列车没有安全带？"这个看似简单、实则难答的问题，我将发表在 2013 年第 6 期的《铁道知识》杂志上回答这个问题的文章附在正文后面，谨供读者参考。

　　我相信，会有越来越多的中国人来关心中国高铁的发展，大家各出一份力，形成合力，推动高铁更加健康、成熟地前行，倘若这本小书能于这样的人们有些许帮助，于我是最大的慰藉。我希望，若干年后，我的母亲能乘坐高铁来到北京，一脸轻松地走出北京西站；我也希望，有朝一日，高铁让所有中国人的出行都变得轻松、愉快！

　　那一天，应该不会太久远……

杨中平

2013 年 10 月，北京

时代的列车*

（丛书代序）

铁路纵横交错，四通八达，连接千家万户，贯通五湖四海，是经济发展的牵引机，是社会运行的大动脉。

当今中国的铁路，发展迅猛，截至 2008 年底，营业里程接近 8 万公里，几乎绕地球赤道两周；我国铁路架设的桥梁和开凿的隧道之多之长之难举世罕见；尤其是在世界屋脊架起了"天路长虹"，不仅结束了西藏没有铁路的历史，也创造了在世界海拔最高的雪域高原铺设铁路的奇迹；2008 年大秦铁路年运量达到 3.4亿吨，为世界重载铁路之最；2007 年 4 月 18 日第六次大提速，中国有超过 6000公里的既有铁路干线实施了时速 200 公里以上的提速改造；2008 年 8 月 1 日开通运营的京津城际铁路最高时速达到 350 公里，是现时世界上最快的运营铁路；以前人们企盼的夕发朝至、当日往返的长途旅行，如今已在许多城市间实现，给人们的工作和生活带来很大方便。

人民铁路为人民，这正是中国铁路的行业宗旨。它始终坚持国家利益至上、社会效益第一，在运输能力十分紧张的情况下，优先保证关系国计民生的重点物资运输，除承担全社会大部分的木材、原油、煤炭、钢铁及冶炼物资的运输，并坚持把化肥、农药、农机等"三农"物资作为运输重点，还多次圆满地完成电厂用煤、粮食、救灾物资及伤员的集中抢运任务等。中国铁路的运输效率世界第一，完成的旅客周转量、货物发送量、换算周转量、运输密度均居世界前列。

中国铁路建设事业和运输事业日新月异，树立了一座座新的里程碑，为国家为人民做出了巨大贡献，建立了丰功伟绩。然而目前的铁路现状还不能完全满足社会经济发展的需求，英雄的铁路员工，正在科学发展观的指导下，向着更高的目标前进：尽快建设起大能力货运通道，重点建设进出关通道、南北通道、进出西南和西北地区通道以及煤运通道；尽快建成具有我国特色的以高速铁路为骨架

---

* 此序为刘嘉祺先生 2009 年为"解读中国铁路"科普丛书所作。

的快速铁路网；同时加强铁路客站与公交、地铁、出租车、城际交通等交通方式紧密衔接。铁路将彻底改变多年来"货运一车难求、客运一票难求"的局面，以强大的运力和更好的服务让广大人民群众满意。

火车到底能够跑多快？桥梁到底能够造多大？隧道到底能够建多长？密如蛛网的铁道线上，成千上万来往穿梭的列车为何能够安全有序地运行？……铁路蕴藏着深奥的知识，铁路充满着传奇的色彩，铁路肩负着神圣的使命，铁路饱含着动人的故事！

为开启铁路的"科技之窗"，让更多的人们认识铁路、了解铁路、热爱铁路，中国铁道学会和中国铁道出版社在中国科协科普部的指导下，组织一批资深的铁路专家学者，历时3年多，编写了一套"解读中国铁路"的科普丛书，涉及铁路的高速列车、机车、车辆、线路、桥梁、隧道、通信信号、运输和安全等方方面面，用浅显通俗的生动语言和精美的图片，揭示了铁路的奥秘，展现了铁路的风采，读起来不仅能学到许多有关铁路的科技知识，还可以领略铁路的文化内涵，并感受到铁路人勇于奉献的"铺路石"精神，是一部精品科普图书，祝愿它早日与读者见面。

中国科普作家协会理事长
中国科学院院士

刘嘉麒

（刘嘉麒）
2009年4月3日

自　　序 *

　　乒乓球是中国人的"国球"，巴西人足球踢得好，美国人篮球天下无敌，日本人擅长打棒球……这些，是广为人知的。为什么这几个国家擅长的球类运动各不相同？我想，这主要与普及程度有关吧。在中国，即使是偏僻的农村学校，校园操场里总少不了水泥浇筑的乒乓球台；在巴西的大街小巷、海滨沙滩，是总能见到男女老少在快乐地玩着足球游戏的；在美国，NBA 篮球比赛总是观众如云；而日本的每所学校一般都有自己的棒球队，电视台根本不会去担心棒球职业联赛现场直播的收视率。

　　由此，我常想，一国如想成为科技强国，在国民中普及科技知识，应是重要的条件之一；而要在国民中普及科技知识，一条有效的途径便是多出版好的科普作品。好的科普作品，其作用至少有二：一是可有效提高国民的整体科学素养，使一国的科学研究有广泛的群众基础；二是很多时候它会激发起一些青少年立志一生致力于某一科学领域的研究热情——这样的效果通常是严肃的学术著作难以达到的。所谓"知之者不如好之者，好之者不如乐之者"，科普作品正有培养科学殿堂中"乐之者"的独特作用。

　　因此，好的科普作品，远的如法布尔的《昆虫记》，近的如《十万个为什么》、比尔·布莱森的《万物简史》等，其影响都是广泛而深远的。

　　我敢说，但凡科技强国都是重视科普作品出版的。只要到美、德、英、法、日等国的大书店去看看，店中图文并茂、文采飞扬的科普作品真是多得令人目不暇接。就以日本的铁路科普读物来说吧，新书多、种类全、专业面宽、读者对象年龄层次广——从1岁小朋友，到青少年、到成年人、到老年人的都有，这就是日本铁路科普作品的特点。在日本，铁路科普读物是无需专门到大书店或铁路书籍专卖店才能买到的，即使是车站里的小卖部，通常也会有几种铁路科普读物在出售。众多的科普读物，加上庞大的读者群，使日本铁路拥有除专家群体以外的众多建言者。不消说，正是那些科普读物吸引了很多青少年矢志铁路技术，成为铁路技术研发的"乐之者"。日本能成为一个铁路技术先进、铁路交通非常发达的国家，倘要分析其中的缘由，我认为铁路科普读物在其中便发挥了独特而重要的作用。

---

* 此序为作者 2009 年为本书第一版所撰写。

如今，中国铁路，尤其是高速铁路，发展速度之快，堪称前无古人（大约也会后无来者吧）。我常常想，无论从眼前还是长远计，让更多的中国人了解中国铁路的现状，了解一些铁路基础知识，对中国铁路的发展应该是一件极其重要的事情。因此，大约在 2007 年年初的时候，中国铁道出版社热心而认真的严介生高级编辑约我撰写本书，我犹豫一阵后便答应了。至于犹豫的理由，是我觉得要写好一本科普作品，须得具备两个条件：首先是作者要有深厚的专业功底，厚积薄发，用浅显的文字表达出要描述事物的本质和原理；二是作者应有很好的文字功底，要有将枯燥的东西讲得引人入胜的本领。而我，距离这两个条件都实在差得太远，但想到这件事情的意义，自己又是从事高速铁路教学和研究的，写本科普读物更有切实的意义。最终，在一番踌躇之后，我还是勉力应承下来了。

　　在终日世俗的忙乱中，总想寻得一些属于自己的安宁时光，尽所能写好这本小书，然而，现实却很难让我做到这一点。因此，或作或辍，竟历时 2 年才完成，效率之低，令自己都有些吃惊。至于书中内容，大多是在夜深人静的时候写就的，也有的是在出差外地的宾馆里所作，也有的是利用节假日的片刻安闲完成的……总之，是在不同时间、不同地点和不同心情下断断续续完成的。因此，各章节的语气不尽相同，后面几章原理介绍的深度也有差别，这些，都令自己深感遗憾，这些遗憾大约还将伴我相当长的一段时间。

　　在写书的两年多时间里，《铁道知识》杂志社的罗春晓编辑、青岛四方车辆股份有限公司的金泰木主任设计师、西南交通大学的吴松荣副教授和博士生周福林、中国科学院力学所的赵桂林博士、北京交通大学硕士生顾云、黄云鹏、邱晓露、王迅、陆峰、谷杨心等同学都给予了我真诚的帮助，倘这书能不让所有的读者都失望，我想，这就是对帮助过我的人最好的感激表达吧。中国铁道出版社的严介生高级编辑和吴大公副编审为此书付出了大量的心血，在此一并致以诚挚的谢意。

　　写作过程中，本书主要参考了以下书籍：钱立新主编的《世界高速铁路技术》（中国铁道出版社，2003 年）；铁道科学研究院高速铁路技术研究总体组编的《高速铁路技术》（中国铁道出版社，2005 年）；内田清五著，陈贺、李毅、杨弘译的《日本新干线列车制动系统》（中国铁道出版社，2004 年）；张曙光主编的《CRH1 型动车组》《CRH2 型动车组》《CRH5A 型动车组》（中国铁道出版社，2008 年）等。在此，向书籍作者们表示衷心的感谢！

2009 年 5 月 22 日

杨中平记于北京

目 录

目 录 CONTENTS

引　言

一说到高速铁路，我们就会联想到高速列车。

漂亮的流线型车头，风驰电掣般的速度，充满现代感与美感的矫健身躯，宽敞、明净、雅致的车厢……，这些，是高速列车留给我们的鲜明而美好的印象。"子弹头列车"、"陆地航班"、"贴地飞行"、"追风之旅"，这些，是我们常听到或看到的对高速列车的赞语。

高速列车已进入了我们的生活，也正在改变着我们的生活。

"千里江陵一日还"，如果说李白的诗句只是一种夸张的描写的话，高速列车轻易地把这种描写变成了现实。不消说相距千里，即使是相距1300公里以上的京沪之间，有了高速列车，我们也能轻松地"一日还"。

高速列车不只是大大地缩短了我们的旅行时间。

有了高速列车，我们就不会再为能否买到一张火车票而忧愁；有了高速列车，我们就可以告别拥挤不堪的车厢；有了高速列车，我们就可以惬意地欣赏沿途风光，或者在车上放松地看一部电影、读一本好书；有了高速列车，就会有八方来客访问我们的城市；有了高速列车，我们所在的城市的经济就会快速发展……

高速列车，它为什么如此神奇？它究竟有什么奥秘？这，正是本书想要回答的问题。

下面，就让我们来初步认识一下高速列车吧！

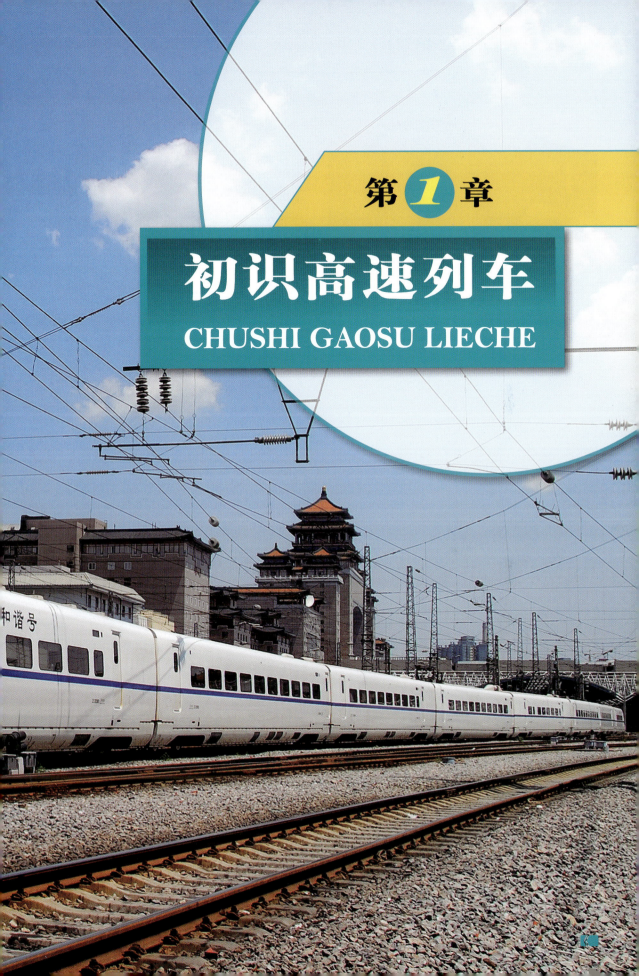

第 **1** 章

初识高速列车

CHUSHI GAOSU LIECHE

第1节 给高速列车画个"素描"

看到高速列车，首先扑入我们眼帘的便是它那漂亮的流线型车头和修长的身躯了。

我们熟悉的地铁列车或者中、低速干线铁路列车，车头形状多显得方正、朴素，而高速列车的车头却呈漂亮的流线型。为什么会有这样的差异呢？

在微风中逆风行走，我们几乎不会意识到风的阻力存在。然而，若是在5级以上的大风中逆风而行，风的阻力之大，就会让我们体会到什么叫寸步难行了。列车运行时受到的空气阻力与速度的平方成正比，因此，中、低速列车运行就好比我们在微风中行走，设计人员基本上不用专门去考虑空气阻力的影响。可是，对于时速200公里以上的高速列车，情形可就不一样了，设计者们总要挖空心思，利用

⬆ 北京南站里整装待发的 CRH380AL（右）和 CRH380BL 型动车组

空气动力学原理，通过车头流线型的优化设计来尽量减小空气阻力。车头流线型除了降低运行阻力外，还有降低运行时的气动噪声、减小列车交会压力波、抑制隧道微气压波等作用，因此，设计出漂亮、符合技术要求的流线型车头可不是一件容易的事情。

运行中的高速列车宛如一条钢铁长龙在轨道上飞驰。这条长龙是由多节车辆通过车端连接组合在一起的，我们称之为一个列车编组。在一个编组中，有一种是带动力的车辆，其中又分两类：一类是只给列车提供动力，但不载客也不载货，这就是机车（俗称"火车头"），机车的英文是 Locomotive，因此在描述列车编组时常用"L"来表示；另一类，就是将牵引动力装置安装在车厢底部，同时还兼备载客或载货的车辆，我们称之为动车，国产"和谐号"CRH 动车组编组中所带的动力车辆便属于这一类，这样的动车在英文中被称为 Motor Car，因此在描述列车编组时常用字母"M"来表示。在列车编组中，还有只载客但不带动力的车，我们称为拖车，写成英文是 Trailer Car，因此人们常用字母"T"来表示它。

高速列车或者说动车组具体是由哪些设备组成呢？

站在站台上，抬头往车顶上一看，你可以看到那高高升起的受电弓。绝大多数高速列车都是靠电能驱动前进的，同无轨电车获取电能的方式差不多，通过安装在车顶上的受电弓与安装于地面的架空接触网滑动接触来获取电能。

接下来，我们可以看到高速列车的车体。车体，它既是容纳乘客和司机（司机室在列车的两头）的地方，又是各种设备和部件依附的

↑ 行驶在京津城际上的 CRH3C 型动车组

基础。所以，车体可说是高速列车最基本的组成部分了。为了减轻车体重量，如今，高速列车车体多选用铝合金材料。

车厢地板的下部，人们很少有机会看到它的真实面目，细心的乘客一般也只能在站台候车时看到一点侧影而已。在车厢的下部，最引人注目的便是类似于一台小车似的装置，由于它具有顺着钢轨转弯的导向功能，因此人们形象地称其为"转向架"。转向架处于车体和轨道之间，用来牵引和引导车辆沿轨道行驶，并承受和传递来自车体和线路的各种载荷，缓和其动态作用力，让列车减速停车的制动装置也安装在它上面。转向架就像高速列车的"腿"，它能否正常工作，将直接关系到列车的运行安全。因此，转向架是高速列车的又一重要组成部分，虽然它不为业外人士所熟知。

让高速列车起动或加速需要牵引力，让高速列车减速或停车则需要制动力。牵引力和制动力由谁来提供呢？肩负这两个重任的是高速列车的牵引传动系统和制动系统。早期，由于受技术的限制，高速列车采用直流电动机驱动。从20世纪80年代中期以后，

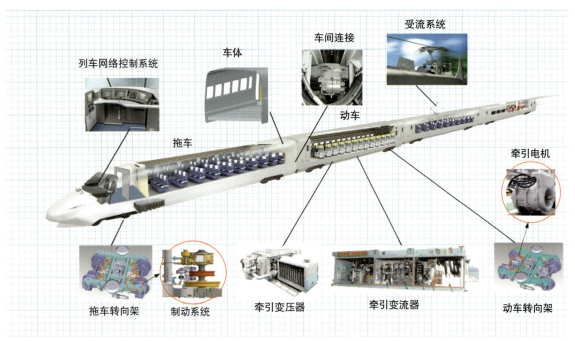

列车网络控制系统　车体　车间连接　受流系统

动车

拖车

牵引电机

拖车转向架　制动系统　牵引变压器　牵引变流器　动车转向架

⬆ 高速列车的基本组成

随着电力电子技术的发展，用交流电动机驱动成为高速列车的主流。驱动高速列车的电动机我们称之为牵引电机。

高速列车在运行过程中，各种装置的运行状态如何？万一某个装置发生故障又该如何应对？所有这些相关信息，都实时地显示在司机驾驶台的液晶显示屏上，完成这一任务的便是列车网络控制系统。当然，列车网络控制系统的功能远不止状态监测、故障诊断这些，它还具有牵引与制动控制、自动门控制和空调控制、车载试验等功能。

除了前面所述的几个组成部分外，高速列车还包括：为空调装置、空气压缩机、照明装置等设备供电的辅助供电系统；车辆连接装置；车内电气、供水、通风、取暖、车门、行李架等车辆内部设备。

综上所述，高速列车的基本组成包括两方面：机械方面有车体、转向架、机械制动系统以及车辆之间的连接装置等，电气方面有受流系统、由牵引变压器及牵引变流器和牵引电机组成的牵引传动系统、列车网络控制系统等，各系统的原理我们将在后面一一介绍。

⬆ 动车组流线型的外形极具速度感

第2节 列车的速度有几种？

法国 V150 试验列车在 TGV 东线上创造了时速 574.8 公里的世界纪录

不用说，高速列车的显著特点就是它的速度高，跑得快。

实际上，只提"速度"还是一种比较笼统的说法。细究起来，列车速度可分为最高试验速度、最高运营速度、平均速度、旅行速度等好几种呢！

最高试验速度是容易理解的。专家们为什么要测试列车的最高试验速度呢？主要是他们想知道：试验列车以它的设计结构和制造工艺，把它的性能发挥到极限时，到底能跑多快？速度达到极限时，各种装置到底会发生什么样的变化？列车的各种动力学现象（空气阻力、轮轨间的摩擦阻力和黏着力、受电弓与接触网之间的受力等）如何？等等。要说明的是，测试列车最高试验速度时，列车运行环境可与正式商业运行时不一样，这时给它"吃的是小灶"，如将车轮直径增大，提高供电电压，专门选择一段条件最好的线路等。

目前，世界上轮轨式铁路（即以车轮在轨道上运行的铁路，区别于磁悬浮铁路）列车最高试验速度是 574.8 公里 / 小时。这是 2007 年 4 月 3 日，法国人在 TGV 东线上用 V150 试验列车创造的纪录。

最高运营速度是指列车实际商业运行的最高速度。我们在日常交谈中，谈及某列车的最高速度为多少时，往往指的就是最高运营速度。最高运营速度既反映了列车本身的性能水平，也是一条铁路综合技术水平的直接反映。这个道理应该不难理解，你想，没有与列车最高运营速度相匹配的轨道、信号、供电系统，列车就会有劲使不出，是无法以最高运营速度运行的。一般地，人们把最高运营速度在 200 公里 / 小时及以上的列车称为高速列车。在世界高速列车中，创下最高运营速度纪录的是 CRH2C、CRH3C、CRH380A 型动车组，它们在京津城际、武广等高速铁路上的速度曾达到 350 公里 / 小时。国外运营速度最高的是法国的 TGV-POS 和 TGV-R、德国的 ICE3MF（在法国境内运行时）以及日本的 E5 系高速列车，时速为 320 公里。

那么，什么又是平均速度和旅行速度呢？为了便于理解，让我们用简单的小学算式来表示一下吧：

平均速度 = 运行距离 ÷（运行时间 — 中途车站停车时间）

旅行速度 = 运行距离 ÷ 运行时间（包括中途车站停车时间）

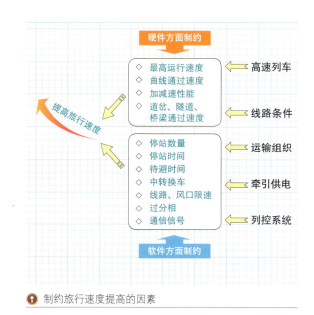

硬件方面制约

◇ 最高运行速度
◇ 曲线通过速度 ← 高速列车
◇ 加减速性能
◇ 道岔、隧道、 ← 线路条件
　桥梁通过速度

提高旅行速度

◇ 停站数量 ← 运输组织
◇ 停站时间
◇ 待避时间
◇ 中转换车 ← 牵引供电
◇ 线路、风口限速
◇ 过分相
◇ 通信信号 ← 列控系统

软件方面制约

⬆ 制约旅行速度提高的因素

　　两者的区别就是：平均速度不考虑中途停站时间，只考虑列车跑路的时间；而旅行速度考虑的是包括中途停站的全部实际旅行时间。

　　以上几种速度中，真正与我们出行时间密切相关的其实是旅行速度，因为旅行速度的高低直接反映了乘客从出发站到目的地站所需时间的长短。龟兔赛跑的故事，是我们所熟知的。兔子的"最高运营速度"尽管比乌龟要高得多，但兔子的中途一觉，使它的全程"旅行速度"比乌龟低了许多，并最终导致它败北。同理，即使列车运营速度很高，假如在中途车站停车时间很长的话，我们的铁路之旅仍可能是漫漫长途。

　　因此，提高旅行速度是铁路运营公司始终关心的课题。要想提高旅行速度，缩短旅行时间，实际上得从提高列车最高运营速度、曲线通过速度、加速度和减速度、道岔通过速度，减少车站停车时间，合理制定列车运行图减少会车和避让等多方面下功夫才行。

🔴 行驶中的 CRH2A 型动车组

第3节 列车的动力放在哪儿?

高速列车的驱动设备是牵引电机,安装了牵引电机的轮对叫驱动轮对,简称动轮;没安装牵引电机的轮对叫从动轮对。按照驱动轮对的分布与驱动设备的布置,高速列车可分为动力分散方式和动力集中方式两大类型。

什么样的高速列车属于动力分散方式呢?我国的和谐号 CRH 系列动车组便是。

以 CRH3C 型动车组为例。CRH3C 型动车组采用三相异步牵引电机,8 辆编组的列车共有 16 台牵引电机,这 16 台电动机在哪里安家落户呢?它们被均匀地分散安置在 4 辆动车的地板下,也就是说,每辆动车负责接纳 4 台牵引电机。列车运行时,每台电机负责驱动一根车轴(即一个轮对),这 16 台牵引电机通力合作让列车高速奔跑起来。像这种不用机车牵引,把动力分散在编组内全部或部分车辆上的动力配置方式就称为动力分散方式。

既然有动力分散,也就有动力集中,这是一组相对的概念。

把牵引动力置于车头,用一台机车(或动车)或者前后各配置一台机车(或动车)牵引一定数量的拖车组成一个列车编组运行的就是动力集中方式。法国的 TGV-A、德国的 ICE1 等便属于典型的动力集中方式高速列车。

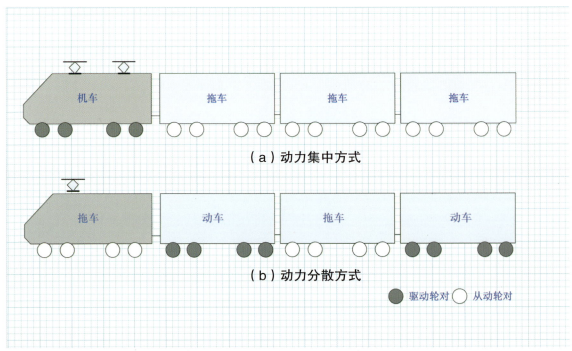

(a)动力集中方式

(b)动力分散方式

● 驱动轮对 ○ 从动轮对

↑ 动力集中方式和动力分散方式示意图

如果进行一下比较，动力分散方式和动力集中方式当然各有其优缺点。

动力分散方式和动力集中方式的比较

项 目	动力集中	动力分散	注
电气、机械设备	少	多	动力分散方式仅牵引电机就需要增加很多台
乘坐舒适度	优	相对较差	动力集中方式客车车厢内的振动和噪声相对较小
轴 重	大	小	动力集中方式对轨道要求相对较高，轨道维护费也相对较高。
转向架轴距	大	小	动力分散方式曲线通过性能良好，轨道维护费用低。
动车拖车比例调整	困难	容易	—
对黏着的要求	高	低	—
机械制动装置的负担	大	小	动力分散方式可充分利用再生制动力

CRH3C 型动车组驶入天津站

第 2 章

动力分散还是集中？

DONGLI FENSAN HAISHI JIZHONG?

屈指算来，从 0 系新干线列车 1964 年在日本闪亮登场至今，世界高速列车的发展已走过了近半个世纪。如今，世界上 10 多个国家或地区拥有自己的高速列车；就车型来说，世界上投入或曾经投入商业运行的高速列车多达 50 余种。

把驱动列车前进的动力集中放在机车头上，还是化整为零地分散到各节或多节车厢上，这是世界上两种不同的高速列车技术。日本首创动力分散方式，法国、德国长期坚持动力集中方式，双方在关键技术上展开竞争，40 多年间，经历了多个回合的较量，你追我赶，各显神通，推动了世界高速铁路技术不断发展，走向成熟。

世界高速列车技术的发展历程，主要是以日本的动力分散技术和法国、德国的动力集中技术之间的竞争为主轴展开，大概经历了这样一个过程：从 20 世纪 60 年代动力分散方式的日本 0 系新干线列车一枝独秀，到 20 世纪 80 年代动力集中方式的法国 TGV 列车占据优势地位，再到 20 世纪 90 年代后日本动力分散方式和欧洲动力集中方式并驾齐驱，最后到现今动力分散方式成为世界高速列车技术的发展趋势。 概括地说，经历了 3 个回合、4 个阶段。

第1节 动力分散方式异军突起

↑ 世界高速列车的先驱——新干线0系列车

1 突破历史的那一幕

1964年10月1日，清晨，日本国铁东京站9号站台，人头攒动。

在站台前端，人们可以看到西装革履的日本国铁总裁、东京都知事等贵宾的身影，他们是为世界第一条高速铁路——日本东海道新干线的开通仪式而来的。

在站台边上，让人眼前一亮的新干线首发列车——0系"光号"已经整装待发。列车取名"光号"，突出速度像光一样快之意。当时，世界上德、法等铁路技术强国的列车最高运营时速还只有160公里，而"光号"的最高运营时速则达到210公里。0系列车不但车名响亮，在外形上也与众不同：人们见惯了的俗称火车头的机车不见了，车头形状与战斗机机头形状有些相似，呈漂亮的流线型；车体呈象牙白色，沿车窗是一条宽宽的蓝色色带，充满了美感与现代感……

6点整，随着发车铃声的响起，在站台上人们的欢呼声中，"光号"起动、加速，驶出东京站，以最高时速210公里的速度向终点站新大阪飞驰而去！

从此，日本铁路走进了一个全新的时代，世界铁路的发展也翻开了新的一页！

2 新干线的历史背景

东海道新干线是在这样的背景下诞生的——

20世纪50年代，日本国民经济经历战败后的复兴，得到了高速发展。作为主要公共交通运输方式的铁路，旅客和货物运输量急剧增长，日本铁路交通的大动脉——东海道线的运输能力日渐显得捉襟见肘了。东海道线连接着日本最大的两座城市——东京和大阪，沿途还经过横滨、名古屋、京都等我们熟知的日本大城市。当时，仅占日本国土12%的东海道沿线地域集中了全国人口的41%，而其工业生产值和国民收入则占到了全

↑ 东海道新干线开通仪式

国的 70% 左右。东海道线仅拥有日本国铁线路总长的 2.9%，年运输量却达到全国客运量的 25%，货运量的 24%！当时东京至横滨单方向每天发车 210 列，已达到饱和状态。通过这一组数字，我们就可知道东海道线运输压力之大了。然而，客流和货流依旧在增长！因此，如何尽快增加东海道线的运能便成为摆在日本国铁面前的一道难题。

日本国铁决定增建新线来缓解东海道线运能不足的问题。当时日本国铁下属的"东海道线增强调查会"提出了如下 3 种方案：

——窄轨双复线方案。已达饱和状态的东海道线是窄轨复线，在此基础上再建一条窄轨复线；

——窄轨新线方案。就是新建的窄轨线路不沿着既有的东海道线而建，利用新线的分流来缓解东海道线的运输压力；

——新干线方案。修建一条时速 200 公里以上的标准轨高速铁路。由于当时德、法等铁路技术强国的列车最高运营时速还只有 160 公里，日本自己连列车试验时速也未曾达到过 200 公里，因此，第三种新干线方案遭到日本国铁大多数人的强烈反对。然而，当时的日本国铁总裁十河信二与总工程师岛秀雄却凭借其过人的魄力与出众的技术眼光，力主新干线方案，并最终获得国会批准。

1959 年 4 月 20 日，日本开始正式修建东海道新干线。

1964 年 10 月 1 日，人们就看到了本节开始叙述的那一幕，全长 515 公里的东海道新干线正式投入商业运行。

新干线开通时，0 系"光号"列车从东京至大阪的运行时间为 4 小时，比原来东海道线的特快列车要快 2 小时 30 分钟，大大地缩短了东京—大阪之间的旅行时间。第二年，"光号"列车的运行时间又缩短为 3 小时 10 分钟。

新干线开通后，很快便以高速、正点、安全、大运量、全天候的独特优势，得到日本国民的广泛欢迎，大量的客流涌向新干线，乘飞机的旅客大减，最终竟迫使东京至名古屋的航班停运。新干线不仅创造了良好的经济效益，还带动了沿线城市社会经济的快速发展，取得了很好的社会效果。

东海道新干线对世界铁路的发展同样意义非凡，它扭转了世界铁路的命运！

1945 年，第二次世界大战结束了。在正义战胜邪恶后，人们重新看见了光明，世界各国的经济开始迅速复苏。"衣食住行"为先，与人们生活息息相关的交通运输格局也开始孕育一场新的变革。

从 20 世纪 50 年代开始，汽车工业在北美、欧洲等国家得到了大力发展，高速公路的快速修建、逐步走进寻常百姓家的汽车，让人们体会到公路交通"门到门"的服务是何等便利。到了 60 年代，大型民航客机的出现，又以它无可争议的速度优势，广受人们的青睐。

在生机勃勃的公路与航空运输面前，曾经为人类带来 20 世纪文明的铁路，却日益面临着"门前冷落鞍马稀"的尴尬处境。的确，论便利程度，铁路不如汽车；论速度，铁路又比不过飞机。铁路运输似乎真的走进了垂暮，于是，人们发出了这样的感叹：铁路运输已是夕阳产业！

对于铁路运输已是夕阳产业的悲观论调，东海道新干线以它在技术和经营上的成功做出了最明确的否定回答！这一壮举极大地振奋了世界铁路界人士对铁路运输的信心，人们开始重新认识铁路运输尤其是高速铁路运输的价值，从而引发了继新干线之后的法、德等欧洲国家建设高速铁路的热潮。

3 为何选择动力分散方式?

0 系列车最突出的技术特点是：动力分散！最早投入运营的 0 系列车为 12 辆编组，全部采用动车，也就是说没有不带动力的拖车。后来，由于客流量的剧增，0 系列车变为 16 辆，依然采用全动车方式。

日本后来开发的所有新干线列车也都继承了 0 系动力分散方式的特点。

如今，在欧洲的德国、法国，在亚洲的中国、日本等国，人们都能看到动力分散方式的高速列车活跃的身影。但在当时，像 0 系这样的长途高速列车采用动力分散方式，却显得非常另类！

就作者知道的范围，当时，世界上长途列车采用动力分散方式的国家只有日本。即便是今天，世界上长途列车依然是以动力集中方式为主。

动力集中方式的优点是什么呢？

和动力分散方式相比，动力集中方式的动力装置少，车辆维护工作量少，价格相对低廉。例如，动力分散方式的 0 系列车，16 辆动车编组的牵引总功率为 11840 千瓦，共使用 64 台牵引电机；同样是高速列车，动力集中方式的“欧洲之星”，20 辆编组，其编组方式为：

L（机车）＋18T（拖车）＋L（机车）

即列车的前后各配置一辆机车，牵引总功率为 12200 千瓦，但它使用的牵引电机却只有 12 台，还不到 0 系列车的 1/5。

再有，由于动力集中方式运载乘客的拖车没有动力装置，运行过程中没有了动力装置引起的振动和噪声，乘坐舒适度更好，可保证乘客长途乘车不易疲劳。

那么，0 系新干线列车为什么偏要标新立异，采用动力分散方式呢？

尽管日本是一个铁路交通非常发达的国家，但日本修建铁路的先天性条件却并不好：地质松软，山地河流众多。早在 20 世纪 30 年代末，就有日本国铁的专家意识到，动力集中方式虽然有诸多优点，但由于机车的轴重大，亦即牵引电机集中在机车上，机车底下的车轴就要承担更大的重量，因而运行时对轨道的破坏作用也大。因此，动力集中方式列车的运行，尤其是高速运行，首先就需要坚固的轨道，但对地质松软的日本来说，修建坚固的轨道是一个难题。比较而言，轴重要轻得多的动力分散方式可以减轻对轨道的要求。除此之外，当时日本专家认为采用动力分散方式的优点还有：列车动力更容易根据需要调整；在终点站没有调换车头的麻烦；制动时，分散在多个车辆下的牵引电机还可以作为发电机使用，将列车动能转换为电能从而获得制动，减小机械制动装置的负担等等。至于动力分散方式振动和噪声大的缺点，是可以通过提高减振减噪的技术来解决的。

自第二次世界大战战败之后，日本就着手进行适合长途运输的动力分散方式列车技术的研究，并很快开发成功了几种动力分散方式列车：

——1950 年，15 辆编组的湘南列车在东京至沼津之间的线路上（全长约 125 公里）投入运行；

——1957年，日本私营铁路公司小田急的SE（Super Express，意为"超级特快"）列车投入商业运行，SE列车还创造了当时世界窄轨145公里/小时的试验速度纪录；

——1958年11月，最高运营时速110公里的"回声号"在东京至大阪间的东海道线上登场亮相，使时速只有95公里的动力集中方式"飞燕号"列车相形见绌。

至此，日本已基本上确立了自己的动力分散方式列车技术。

因此，1959年日本在决定修建新干线时，在未来的新干线列车采用何种动力配置方式这一点上，可以说是不加任何考虑就选择了动力分散方式。因为，日本已为之准备了太长的时间，有了非常好的前期基础。

4 曾经一枝独秀

新干线的成功，给欧洲铁路技术强国以很大的刺激。

要知道，在铁路技术方面，日本曾是英、德、法、美等国的学生。在明治维新时期，日本主要是在英国人的帮助下开始大力修建铁路的。除英国人外，美国人和德国人也分别帮助日本修建了北海道和九州的铁路。二战后，日本曾虚心地借鉴和学习了法国的铁路技术。所以，日本独立开发铁路技术，而且在技术上采用与欧美不同的动力分散方式，实际上就是对"师傅"的一种挑战，争夺铁路技术制高点的第一回合开始了。

心理上的自尊与技术上的自负，使英、法、德三国在日本新干线开通后，很快以极高的热情，开始大力推进本国铁路的高速化。

在高速列车技术上，英、法、德三国并没有理会日本的动力分散方式技术，依旧坚持自己一贯擅长的动力集中技术。

1965年和1967年，德、法两国分别利用本国开发的新型电力机车，实现了少量列车在特定的既有线路区间以时速200公里的运行。不过，这只是对既有的时速160公里机车的提速，离真正意义上的高速列车尚有距离。

在欧洲，首先问世的高速列车是1976年英国的HST（High Speed Train，意为"高速列车"）。为了在电气化区间不多的干线上实现时速200公里的运行，HST采用这样一种编组方式：在列车的前后端各配置一台功率为1680千瓦的专用电传动内燃机车、中间夹有7~8辆拖车。HST自1976年在英国东海岸线既有线上开始时速200公里的运行后，在商业上获得了巨大成功。

英国在研发HST的同一时期，还组织国内一流技术力量下大力气研发了最高时速250公里的APT列车（Advanced Passenger Train，意为"先进旅客列车"）。然而，由于APT的设计目标过高，过多采用车体倾斜、流体动力制动等当时的最新技术，出现可靠性难于保证的问题，最后以失败告终。

美国和前苏联曾仿造日本新干线列车，想在短时间之内打造出自己的动力分散方式高速列车，都因前期技术储备不够归于失败。

尽管欧美诸国在日本新干线开通后已开始奋力追赶，然而，1964~1980年，世界上只有日本有一条真正意义上的高速铁路，日本也只有0系列车一种车型，因此，动力分散方式的0系列车在当时世界上可谓是一枝独秀。尽管英国的HST也很成功，但其影响力与0系列车比较还相去甚远。

第2节 动力集中方式后来居上

1981年，法国动力集中方式 TGV-PSE 高速列车的出现，给日本 0 系列车一枝独秀的时代画上了句号。

1965年年底，法国国营铁路公司率先在欧洲提出了修建高速新线的构想，并把这个计划定名为"TGV"（"超高速铁路"的法文缩写），1967年开始启动，1970年提出修建巴黎至里昂的 TGV 东南线。

技术实力雄厚的法国为了研发本国的高速列车，首先对日本新干线列车的优缺点进行了彻底的分析，并针对新干线列车"受流不良"，即由车顶受电弓从接触网获取电能存在的缺陷等问题提出了相应的改进办法。为了从根本上消除列车高速运行时受流不良的问题，法国首先尝试用燃气轮机作为牵引动力装置，并于1969至1972年之间，先后成功研制了 ETG 方式、RTG 方式、TGV001 方式燃气轮高速试验列车。然而，1973年世界第一次石油危机的爆发，促使法国放弃燃气轮机牵引，向电气化牵引方向转变，从1976年开始研制用直流电动机牵引的 TGV-PSE 高速列车，并于1981年在东南线南段上成功投入运营。

TGV-PSE 继承了法国干线列车采用动力集中的传统，在编组的前、后两端配置有专用的电力机车，最大轴重（即每根车轴所允许承担的最大载荷）17吨，编组为 2L8T（L 指机车，T 指拖车，下同），采用铰接式转向架，在高速线上运行时只使用一台受电弓。TGV-PSE 投入运行之初的最高时速为260公里，比 0 系列车高出50公里/小时，在其后的16年时间里，法国高速列车的最高速度一直处于世界第一的位置。1983年，TGV-PSE 的最高时速提高到270公里。

动力集中方式的 TGV-PSE 问世后，无论是在最高速度，还是在受流质量、运用维护成本、运力调整等方面，都要明显优于动力分散式的日本 0 系列车。

⬆ TGV-PSE 高速列车于1981年在法国东南线投入运用

1989年，法国第二代高速列车 TGV-A 在大西洋线上投入运行。TGV-A 也是动力集中方式。在技术上与第一代高速列车 TGV-PSE 的显著不同之处在于，TGV-A 采用交流牵引传动技术，用8台功率为1100千瓦的同步电机牵引，其最高运营时速达到了300公里。1990年5月18日，TGV-A 在大西洋线上的试验时速达到515.3公里，创下了当时的世界纪录。

法国 TGV 列车的出现，使世界铁路界普遍认为，动力集中方式比动力分散方式列车更有技术上的优势。

继法国 TGV-A 之后诞生的是德国的 ICE1 型高速列车。

德国高速铁路的研究差不多与法国同时起步，1970 年，原联邦德国就制定了雄心勃勃的高速铁路研究计划，包括轮轨关系的基础研究、轮轨滚动试验台建设、修建专门的试验线等。同时，原联邦德国对高速磁悬浮铁路技术也同样兴趣盎然，投入了大量资金进行研究。不过，遗憾的是，与对高速铁路技术研究的热情相比，德国政府在修建高速铁路新线上却显得有些踌躇，热情不高。眼见法国 TGV 成为世界高速铁路的新霸主，作为铁路技术强国的原联邦德国大受刺激，从TGV 开通后的第二年即 1982 年起，明显加快了高速列车研制和高速新线建设的步伐。

1991 年 6 月，德国的 ICE1 型高速列车在汉诺威—维尔茨堡和曼海姆—斯图加特两条高速新线上投入运行。该车也采用了德国一贯擅长的动力集中方式，编组为 2L12T 或2L14T，采用异步电机驱动的交流牵引传动技术，最高运营时速达 280 公里，比当时日本新干线列车高出 70 公里 / 小时。

与生机勃勃的法国 TGV-PSE、TGV-A和德国 ICE1 比起来，日本新干线列车技术发展的步伐却显得沉重、迟缓！

⬆ 世界上首开 300 公里 / 小时高速运行先河的法国 TGV-A 列车

↑ 德国 ICE1 型高速列车

1982 年，日本东北和上越两条新干线开通。由于这两条线路地处严寒多雪地区，日本国铁为这两条线路量身制造的 200 系高速列车，不仅比法国 TGV-PSE 列车晚问世一年，而且最高时速只有 210 公里，无法与 TGV-PSE 运营之初的最高时速 260 公里相提并论，即使是日本一直强调的动力分散方式轴重轻的优点，在 200 系身上也荡然无存！因为增设了防雪装置，200 系的最大轴重居然也变得和动力集中方式的 TGV-PSE 相等，都是 17 吨。

1985 年，日本东海道新干线在时隔 21 年后，终于推出了 100 系新型列车，但 100 系列车的最高时速也只有 230 公里，在技术上除了引入双层车还算引人注目外，其他的并没有令人耳目一新的突破。

↑ 日本新干线 100 系双层车

总之，从 1981 年至 1991 年，TGV 和 ICE 高速列车的出现，使日本新干线列车相形见绌。法、德的动力集中方式的优势地位得到确立！

ICE1 型高速动车组除在德国境内运行外，也执行部分德国至瑞士和奥地利间的国际高速列车任务。图为 ICE1 运行在瑞士境内

第3节 动力分散方式重新崛起

在 300 系问世之前，动力集中论者认为动力分散方式的一个显著缺点是：牵引电机等机器数量太多，机器的维护保养费事费钱。在直流传动的时代，这的确是动力分散方式的一个明显的缺点。然而，随着电力电子技术的发展，300 系采用交流传动技术后，日常

1987 年，日本国铁因经营不善导致走向民营化，原国铁被分为 6 家 JR (Japan Railway，意为"日本铁路") 客运公司和 1 家 JR 货运公司。负责经营新干线的 JR 东海、JR 西日本和 JR 东日本三家公司加大了高速铁路技术研发的力度，卷土重来，力争尽快挽回新干线在日欧竞争中的颓势。

1992 年，JR 东海在继承原国铁为北陆新干线研发的最新高速列车技术的基础之上，成功开发了时速 270 公里的 300 系新干线列车。单就最高运营速度而论，300 系列车依然未能赶上法、德的 TGV-A 和 ICE1 列车，然而，编组为 10 动 6 拖的 300 系列车却将动力分散方式列车的突出优点真正体现出来了，如轴重轻、能充分利用再生制动力等。TGV-A 的轴重为 17 吨，ICE1 的轴重为 19.5 吨，而 300 系列车的轴重只有 11.4 吨！这是一个其他国家现在也很难达到的水平。轻量化是车辆技术先进的一个重要标志，在这方面，300 系单位地板面积的重量明显低于 TGV 和 ICE 高速列车。300 系采用交流牵引传动技术，常用制动以再生制动为主（关于制动方面的知识，请参见本书第八单元），既节能又大大减轻了机械制动装置的负担。

日本 300 系新干线列车

几乎不用对电传动系统进行维护保养 (关于牵引传动技术,请参见本书第七单元)。此外,300 系列车还吸收了欧洲动力集中方式受电弓少的优点,16 辆编组只用 2 台受电弓受流,受流质量大为提高。

300 系的问世,挽回了此前日本高速列车与法德高速列车技术竞争中的劣势。

300 系列车是日本新干线列车技术发展的一个新的里程碑。继 300 系之后,日本陆续开发了 500 系、700 系、800 系、N700 系、E1~E4 等多种高性能动力分散方式新干线列车。

第4节 向动力分散方式转型

日本 300 系及以后的新干线列车表现出的轴重轻、再生制动的充分利用等优点，使欧洲也开始重新审视动力分散方式高速列车的优缺点。

动力集中方式与动力分散方式高速列车的比较

动力方式	国家	车型	开始运营年份	编组	轴重（吨）	列车重量（吨）	单位地板面积上的重量（吨/米²）	定员（人）	乘客所占地板面积（米²/人）
动力集中	法国	TGV-PSE	1981	机-8拖-机	17	418	1.041	368	1.062
	法国	TGV-A	1989	机-10拖-机	17	484	0.937	485	1.041
	德国	ICE1	1991	机-14拖-机	19.5	798	0.929	759	1.320
	国际	欧洲之星	1994	机-9拖-机	17	816	0.876	794	1.150
动力分散	日本	200系	1982	12动	17	697	0.851	885	0.933
		300系	1992	10动6拖	11.4	710	0.584	1323	0.918
		500系	1997	16动	11.1	688	0.585	1324	0.903
		700系	1999	12动4拖	11.4	708	0.583	1323	0.916

德国动力分散方式 ICE3 型高速列车

德国 ICE1 型高速列车的轴重达 19.5 吨，邻国的线路承受不了，不能作为国际高速列车开行，逼得它开发出了编组为 4 动 4 拖、轴重 15 吨的动力分散方式高速列车 ICE3 型。在性能上，其最高运行时速达 330 公里，于 2000 年 6 月投入运行。

在 ICE3 技术的基础之上，德国西门子公司与 CAF 公司合作，又为西班牙设计制造了时速 350 公里的 Velaro-E 高速列车，成为欧洲第二种动力分散方式高速列车。

⬆ 法国阿尔斯通公司生产的 AGV 动力分散高速列车运行在意大利境内

⬆ 中国铁路"和谐号"CRH 系列高速动车组也采用动力分散方式

法国也大力开发动力分散方式的高速列车技术，2007 年 2 月，研制出时速 360 公里、动力分散方式高速试验样车 AGV，并计划今后逐步取代动力集中方式的 TGV 高速列车。

我国的"和谐号"CRH 高速动车组，台湾省的高速列车 700T，也都采用了动力分散方式。

可以看出，在经历了 40 多年的发展历程之后，动力分散方式已成为世界高速列车技术的发展趋势。

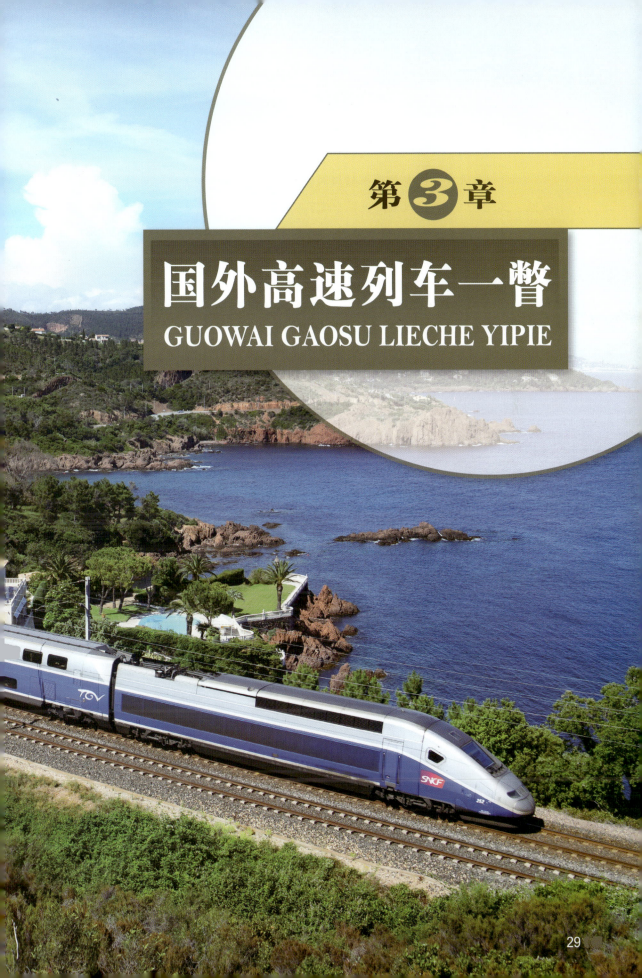

第3章

国外高速列车一瞥

GUOWAI GAOSU LIECHE YIPIE

　　1964 年日本东海道新干线开始投入高速运营，带来了巨大的经济与社会效益；20 世纪 70 年代以来，世界出现了石油危机，公路堵塞、车祸、空难频繁，环境污染严重，世界各国政府反思交通运输政策，逐步认识到旅客运输应该把高速铁路作为发展的重点。继日本之后，法国、德国、意大利、西班牙、瑞典等国也都竞相发展高速铁路。

　　如今，世界上的高速列车可说是车型众多，特点各异，形成了百花争艳的局面。在世界高速列车的百花园里，国外最引人注目的当属日、法、德三国的高速列车。日、法、德是当今高速铁路技术发达的国家，陆续开发出各具特色的代表性高速列车，日本的新干线、法国的 TGV、德国的 ICE 系列高速列车，都举世闻名，成为了它们吸引世界目光的一道风景线。

　　除此之外，意大利、西班牙、瑞典等国也研发了各具特色的高速列车。

⬆ 瑞典的 Regina 摆式列车

第1节 日本：新干线各系列车

现在（截至 2013 年 2 月底），日本共有 6 条标准轨距、运营时速 200 公里以上的新干线：

——东海道干线（东京—新大阪，515km）

——山阳新干线（新大阪—博多，554km）

——东北新干线（东京—新青森，675km）

——上越新干线（大宫—新泻，270km）

——北陆新干线（高崎—长野，117km）

——九州新干线（博多—鹿儿岛中央，257km）

这 6 条新干线的线路总长度约为 2388 公里。日本国铁因经营管理不善而于 1987 年进行民营化改制，被分为 6 家客运公司即 JR 东海、JR 东日本、JR 西日本、JR 四国、JR 九州和 JR 北海道和 1 家 JR 货运公司。

上述 6 条新干线分别由 JR 东海、JR 东日本、JR 西日本和 JR 九州 4 家公司经营。

此外，日本还有 2 条将既有线窄轨拓宽为标准轨，实现新干线列车直通运行的小型新干线：

——秋田新干线（盛冈—秋田，127km）

——山形新干线（福岛—山形，87km）

两条线路的长度为 214 公里。

日本的高速列车全是动力分散方式，是世界上车型最多的国家，先后投入商业运行

↑ 新干线路网示意图（此图由罗一童绘制）

的车型达 15 种之多。这 15 种车型各有特点：有的偏重乘坐舒适度，有的重视性价比，有的又侧重于提高曲线通过速度……，但各种新干线列车又都有一些鲜明的共同点：动力分散、轴重轻、定员多、车内服务设施较单一等。

15 种新干线列车按照运行线路来分，大体上又可分为两个家族：在东海道、山阳、九州新干线上运行的列车属于东海道家族；在其他线路上运行的列车则属于东北家族。两个家族列车的主要技术参数各不相同。

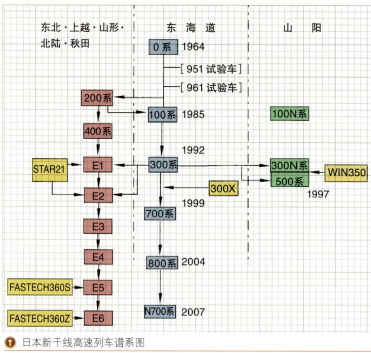

↑ 日本新干线高速列车谱系图

日本东海道家族列车主要参数

项 目	0系	100系	300系	500系	700系	800系	N700系
运行开始年	1964	1985	1992	1997	1999	2004	2007
编 组	16M	12M4T	10M6T	16M	12M4T	6T	12M4T
最高运行速度（公里/小时）	220	230	270	300	285	260	300
起动加速度【(公里/小时)/秒】	1.2	1.6	1.6	1.6	2.0	2.5	2.59
车辆尺寸（毫米）	长：25000 宽：3380 高：3975 头车长：25150	长：25000 宽：3380 高：4000、4470（双层） 头车长：26050	长：25000 宽：3380 高：3650 头车长：26050	长：25000 宽：3380 高：3690 头车长：27000	长：25000 宽：3380 高：3650 头车长：27350	长：25000 宽：3380 高：3650 头车长：27350	长：25000 宽：3360 高：3600 头车长：27350
受电弓数（台）	8	3	2	2	2	—	2
总重量（吨）	976	925	710	688	708	—	—
轴重（吨）	16	15	11.4	11.4	11.4	—	11
牵引电机制式	直流	直流	交流	交流	交流	交流	交流
牵引电机功率（千瓦/台）	185	230	300	285	275	275	305
牵引控制	低抽头切换控制	晶闸管连续相位控制	GTO C/I控制	GTO C/I控制	IGBT C/I控制	—	IGBT C/I控制
制动控制	电阻+空气	电阻+涡流+空气	再生+涡流+空气	再生+空气	再生+涡流+空气	再生+空气	再生+空气

日本东北家族列车主要参数

项 目	200系	400系	E1系	E2系	E3系	E4系	E5系	E6系
运行开始年	1982	1992	1994	1997	1997	1997	2011	2012
编 组	8M, 10M, 2M, 14M2T	6M1T	6M6T	6M2T	4M1T, 6M2T	4M4T	8M2T	5M2T
最高运行速度（公里/小时）	275	240	240	275	275	240	320	320
起动加速度【(公里/小时)/秒】	1.6	1.6	1.6	1.6	1.6	1.65	1.71	1.71
车辆尺寸（毫米）	长: 25000 宽: 3380 高: 4470 头车长:26050	长: 20500 宽: 2950 高: 4070 头车长:23075	长: 25000 宽: 3380 高: 4485 头车长:26050	长: 25000 宽: 3380 高: 4475 头车长:26050	长: 20500 宽: 2945 高: 4280 头车长:23075	长: 25000 宽: 3380 高: 4485 头车长:25700	长: 25000 宽: 3380 高: 4485 头车长:25700	长: 25000 宽: 3380 高: 4485 头车长:23050
受电弓数（台）	2~4	2	2	2	2	2	1*	1
总重量（吨）	697(12辆编组)	316	693	353	259(5辆编组)	428	—	306.5
轴重（吨）	17	13	17	13	13	16		—
齿轮比	2.17	2.7	3.63	3.04	3.04	3.615	2.645	2.645
电动机（千瓦/台）	直流230	直流210	交流410	交流300	交流300	交流420	交流300	交流300
电力电子元件	晶闸管	晶闸管	GTO	GTO·IGBT	GTO	IGBT	IGBT	IGBT
牵引控制	晶闸管连续相位控制	晶闸管连续相位控制	GTO C/I控制	GTO、IGBT C/I控制	GTO C/I控制	IGBT C/I控制	IGBT C/I控制	IGBT C/I控制
制动控制	电阻+空气	电阻+空气	再生+空气	再生+空气	再生+空气	再生+空气	再生+空气	再生+空气

1 世界高速列车的元老

说到高速列车，就不能不说到 0 系列车。虽然岁月过去了差不多半个世纪，世界高速列车也早已进入了百花争艳的时代，但人们始终记得它。

说到 0 系列车，心头总会浮现出这样的关键词：世界最早的高速列车、最高运营时速 210 公里、动力分散、全动车（全列都是动车）、流线型车头。

⬆ 世界高速列车元老 0 系列车

与今天的世界高速列车相比，0 系，无论其外观还是性能都可谓"廉颇老矣"。然而，1964 年，正是它首开列车以时速 200 公里以上速度运行的先河，让世人重新认识了铁路运输的潜力。在相当长的时间里，0 系列车的"面孔"就是高速铁路的标准形象，它也让人们记住了日本高速铁路——新干线。

展现在你眼前的 0 系列车，首先吸引你注意的一定是它貌似战斗机的漂亮的流线型车头，这样的车头形象在当时是全新的，得到了孩子们超乎寻常的欢迎。0 系列车车体材料为钢，颜色呈象牙白，车体两侧外加漂亮的蓝色线条。今天，象牙白色加上蓝色线条的车体颜色已成为东海道新干线列车的标准色。

1964 年开通之初，0 系列车为 12 辆编组，采用全动车的动力分散方式。0 系的牵引供电方式为交流 25 千伏 / 60 赫兹，采用直流电动机牵引，每台电机的输出功率为 185 千瓦。0 系开通时的最高运营时速为 210 公里，后来提高到 220 公里。新干线开通后，由于客流激增，1970 年大阪万国博览会召开时，0 系从原来的 12 辆编组扩编为 16 辆编组。

在 20 多年的时间里，日本共制造了 3216 辆 0 系车辆。不过，在今天的新干线上你再也见不到 0 系的身影了。长江后浪推前浪，随着 100 系和 300 系新干线列车先后投入运行，0 系明显露出了老态，1999 年，0 系从东海道新干线上功成身退。告别东海道新干线后，0 系继续活跃在山阳新干线上。从 2000 年 3 月开始，山阳新干线上的 0 系 "回声号" 列车只以 4 辆和 6 辆两种短小编组运行，而且还是每站停车——这与人们印象中的 0 系新干线列车实在相去甚远。世界高速列车的鼻祖用这样的方式继续发挥着余热。2008 年 11 月 30 日，随着最后一列由 0 系执行的定期列车抵达终点站博多，0 系列车彻底退出了新干线运输的历史舞台。

0 系在东海道、山阳新干线上活跃了 40 余年，真不能不让人佩服其设计质量之高，性能之优良。作为全世界高速列车的元老，它的成功运行，彻底改变了世人有关铁道已属夕阳产业的论调，

开一代新风的 300 系

从而引发了现今包括我国在内的世界范围的高速铁路研究与建设热潮，在铁道发展史上，0 系对世界高速铁路的发展做出了不朽的贡献！

2 开一代新风的列车

谁要想知道目前的新干线列车技术，那他最好是先了解 300 系的技术。

在新干线列车技术发展史上，300 系绝对堪称承前启后，开一代新风的列车。它是新干线列车发展的又一个新起点。

1992 年 3 月 14 日，东海道新干线又多了一种新型列车：命名为 "希望号" 的 300 系列车。跟它的名字一样，300 系列车的确也承载了日本高速铁路界的希望——实现日本高速列车技术上质的飞跃！

300 系给人的感觉是全新的。

首先，它在速度上取得了重大突破，最高时速达到 270 公里，比 100 系列车整整快 50 公里，东京至大阪所需时间也由原来的 3 小时 10 分钟缩短为 2 小时 30 分钟。

其次，它在轻量化方面也取得了惊人成就。和最大轴重 16 吨的 0 系和 100 系、17 吨的 200 系列车相比，300 系列车的体态要轻盈得多，它的最大轴重仅有 11.4 吨！这就是说，同样是 16 辆编组，300 系列车的体重比 0 系和 100 系要轻 263 吨！

其三，它首次采用了当时最先进的交流牵引传动技术。这一技术的采用，不但大大减轻了电传动系统的重量，简化了结构，更为重要的是，这套电传动系统的维护工作量极小。动力分散式列车电气设备数量多、维护工作量大，这一此前一直被人所指责的缺点，现在不存在了。

其四，是再生制动技术的利用。牵引电机在列车制动时又作为发电机使用，将发出的电能回送给牵引供电网，既节省了能源，又大大减轻了机械制动装置的负担。

此外，它那独特的车头流线型，低重心，前后2台受电弓的采用等，也都给人耳目一新之感。

300系列车在技术上取得的突破是全方位的。其中，特别值得一提的是，300系的技术和设计理念对紧随其后的日本最有代表性的500系、700系、N700系等列车都产生了直接而深远的影响。

300系在技术上为什么能够实现如此大的突破？

为了提升公司形象，提高和航空、高速公路的竞争力，也为了挽回早已被法、德高速铁路全面超过的尴尬处境，经营新干线的各JR公司开始在开发新型高速列车上倾注了巨大的热情。300系便是JR东海在国铁民营化后最先推出的杰作。

300系列车只有优点吗？不是的，设计人员也有失算的地方。例如，300系列车的编组为10动6拖。当300系列车研制完毕时，有些令人哭笑不得的结果出来了：拖车居然比动车还要重！这是由于300系采用的交流电传动系统在轻量化技术（特别是交流电机重量减轻）方面取得超过人们期待的进展，而拖车上的涡流制动装置则相对显得比较笨重所致。后来的500系列车全部采用动车，东北家族列车都不采用涡流制动等都和这个结果有关。再有，300系列车在乘客服务方面显示出了一定的退步，如取消餐车便成为日本国内不断争议的话题。

300系列车的足迹没有只停留在东海道

新干线内，1993年3月18日，300系开始在东海道—山阳新干线上运行，从东京至博多1069公里的距离所需时间仅为5小时4分钟。

JR东海的300系好比给日本高速铁路界吹进了一股新风，以此为契机引发了高性能新干线列车研发的热潮。

❸ 新干线上的"飞毛腿"

正是在300系问世的这一年，山阳新干线的经营者JR西日本也开始研发新一代高速列车500系。

⬆ 新干线列车中的"飞毛腿"500系

500系的目标速度比300系还要高，定为300公里/小时。这个速度值和当时世界上最快的法国TGV-A列车一样，日本看来极欲在速度方面追上欧洲了。把目标速度定得如此之高的另外一个原因是，JR西日本也想在同飞机、高速公路竞争中进一步提升新干线的竞争力。JR西日本从1992年起开始研发500系，历时4年有余，1997年3月，人们期待已久的500系列车终于在山阳新干线上投入运行。

500系一面世，就得到业内外人士的交口称赞和喜爱。

在日本，500系列车最受孩子们的喜爱；在成人中500系列车同样颇受青睐。它那根据仿生学模拟翠鸟嘴的独特而漂亮的外形，真是让人过目难忘。500系车体以浅灰色为基调，车顶呈浅蓝色，车窗附近用深灰色，而车窗的下方涂有蓝色的线条。其头车有像火箭似的15米长的鼻子，从外面看去，头车的驾驶台与宇宙飞船的密封舱有些相似。

500系不只是外形美观，在性能方面同样是新干线列车中的佼佼者，尤其是速度在新干线列车中首屈一指。

500系采用了交流传动技术，为16辆全动车编组，电机的额定功率为每台285千瓦，全车64台牵引电机的总功率达到18240千瓦。

为了减小列车运行时的空气阻力，设计人员可谓费尽心机：充分考虑了空气动力学设计而成的流线型车头；列车断面积比300系要小10%；整个车身呈筒形，而且光滑平整，门窗和车体结合部位平顺……通过这些努力，列车运行空气阻力的实测值比设计值要小得多！

牵引功率大，运行阻力小，所以500系列车比较"轻松"地就达到了运行速度目标值300公里/小时。这个速度令当时其他新干线列车望尘莫及，所以500系是新干线列车家族中名副其实的"飞毛腿"。1997年11月，500系开始在东海道—山阳新干线上运行，东京至博多之间的运行时间仅为4小时49分钟，从而吸引了更多的乘客。不过，遗憾的是，由于东海道新干线半径为2500米的曲线区间太多，500系在东海道新干线上只能以270公里/小时的最高速度运行，不然的话，东京至博多的运行时间将会更短。

500系在列车轻量化方面的成绩同样不俗，它的列车重量比300系还轻19吨。

在改善乘坐舒适度方面，为了抑制车体的摇摆，500系前后两端的车头和装有受电弓的车辆搭载半主动控制装置，车体之间还设有减振器，车体采用了铝合金的蜂巢结构，不但减轻了车体重量也降低了车内噪声。

500系在技术上的另一个突出之点是，为了防止在紧急制动时的滑行，陶瓷粒子喷射装置向车轮和轨道之间喷射陶瓷粒子以增大轮轨间的黏着力，通过这样的努力，虽然500系的时速比300系提高30公里，但紧急制动距离仍与300系相同。

任何事情都有两面性，由于500系的设计过于重视车辆高速运行性能，因而也带来一些负面的影响。例如采用全动车编组而导致造价过高；为了减小空气阻力而设计的小断面车体，让乘客感觉不如300系宽敞舒适。特别是，过长的"鼻子"导致头车前部行李架上搁放行李的空间相当有限，而且头车定员比300系也减少了12名。

4 性价比适中的新锐列车

300系奠定了后续开发的新干线列车的技术和设计思想的基础，500系在高速运行性能方面更上一层楼，700系又吸收300系和500系之长，成为东海道家族列车中的主力车型。

↑ 性价比适中的日本新锐列车700系

1999 年投入商业运行的 700 系是国铁民营化后，首次由 JR 东海和 JR 西日本两家公司联合开发的新型列车。700 系可谓是对 300 系和 500 系进行兼容并蓄后推出的杰作。它的一个突出特点是重视性能价格比，也就是说它的性能和价格介于 300 系和 500 系之间，反映在设计上就是基本技术参数选取了 300 系和 500 系的中间值。同时，700 系重视改善乘坐舒适度，这方面的参数要么取 300 系和 500 系之长，要么进行自有的设计。

700 系是按照"高速、舒适、低成本"的基本思想研制的，从最终情况看它基本上达到了预期目的。2004 年开通的九州新干线上投入运行的 800 系列车、我国台湾高速铁路

↑ 新干线列车

从日本引进的 700T 型高速列车、有车体倾斜功能的 N700 系，这些最新车型都是基于 700 系设计制造的，由此可见在新干线列车中 700 系的地位之重了。

日本 700 系和 300 系、500 系列车的比较

	项　目	300 系	500 系	700 系	注
1	最高运营速度(公里/小时)	270	300	285	700系取300系和500系的中间值
2	编　组	10动6拖	16动	12动4拖	
3	列车重量（吨）	710	688	708	
4	车头流线型长（米）	6.0	15.0	9.2	
5	车体断面积（米^2）	11.2	10.2	10.9	
6	牵引总功率（千瓦）	12000	18240	13200	
7	动力单元构成	2动1拖	4动	3动1拖	
8	拖车涡流制动装置	有	无	数量上减半	
9	乘客个人占有地板面积(米^2/人)	0.918	0.903	0.918	700系取300系和500系的优点
10	座椅间距（毫米）	1040	1020	1040	
11	车体之间减振器	无	有	有	
12	半有源减振器控制装置	无	有	有	
13	起动加速度【(公里/小时)/秒】	1.6	2.0	2.0	
14	电子开关器件	GTO	GTO	IGBT	700系自有的设计
15	车厢客室高度(毫米)	2135	2050	2200	
16	客室通道	窄	窄	宽	

5 车体可倾斜的N700系

20 世纪 50 年代，东海道新干线的设计者们将线路最小曲线半径定为 2500 米。然而，这个数字却为他们的后辈带来了意想不到的烦恼。

当初，2500 米这个数字当然不是凭空决定的。高速列车通过曲线时会受到离心力的作用，但离心力是绝对不受欢迎的，它既影响乘客的乘坐舒适度，又会带来轮重及横向压力增大从而加快钢轨的磨耗，更为致命的是，过大的离心力甚至会带来列车倾覆的危险。所以，倘若高速铁路全线都能修建成一条平直线路，那是再理想不过了。然而，受地形或沿线建筑物等的影响，要一条高速铁路完全没有一点曲线简直就是一种不切实际的幻想。高速铁路也有弯道，其大小取决于曲线半径。曲线半径越小则弯道越小，列车就要拐急弯，必须更多地减速才行。设计者们当初把东海道新干线的最小曲线半径定为 2500 米，除了受地形等客观因素的限制外，还因为通过计算，他们发现：只要把半径 2500 米的曲线区间的超高设为 180 毫米，在允许欠超高 90 毫米，左右加速度允许值为重力加速度的 8% 的前提条件下，即使在最小曲线半径区间列车也能以最高运营速度 210 公里 / 小时顺利通过。

在 20 世纪 50 年代，即使是颇具王者风范的德、法这样的铁路技术强国，列车最高运营速度也只有 160 公里 / 小时。因此，在当时的技术条件下，新干线最高运营速度定为 210 公里 / 小时，在世人看来，已是相当高的一个速度目标值了。也就是说，当时的新干线设计者们觉得 2500 米的曲线半径，完全能满足最高速度的运行要求。

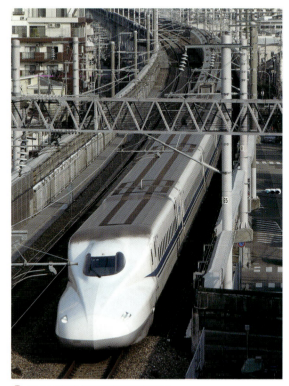

↑ 车体可倾斜的N700系新干线列车

然而，技术的发展是如此之快。新干线开通不过 17 年的时间，1981 年法国 TGV 高速列车的速度就达到了 260 公里 / 小时。到了 1989 年，TGV 高速列车的速度更是达到了 300 公里 / 小时。单从最高运营时速的角度讲，新干线当初的设计，与世界最高水平比起来已经黯然失色！

1992 年，300 系新干线列车的最高运营速度也达到了 270 公里 / 小时。然而，全长约 515 公里的东海道新干线却不能让日本引以自豪的 300 系列车尽展其才，因为在最小曲线半径区间，它的最高速度被限制为 250 公里 / 小时。而这个 250 公里 / 小时的速度值还是得益于将容许欠超高值从原来的 90 毫米调高到 110 毫米，左右容许最大加速度也从原来的重力加速度的 8% 调高到 9% 的结果！

倘若东海道新干线全线只有少数曲线半径 2500 米的区间也就罢了，偏偏这样的区间全线竟达 50 余处之多，其长度竟占到了全线的 1/3 左右。

继 300 系之后，东海道新干线上又陆续有时速 300 公里的 500 系、时速 285 公里的 700 系列车投入运行。然而，它们的命运和 300 系一样，在曲线半径 2500 米区间内，只能以 250 公里／小时的速度通过。不但如此，由于最小曲线半径是如此之多，列车在运行过程中不得不频繁地加速减速，这又带来了列车运行能耗增加的弊端。

1999 年，0 系列车从东海道新干线上退役；2003 年，曾经饱受好评、风光无限的 100 系列车也从东海道新干线上功成身退了。于是，在东海道新干线上运行的列车只剩下 300 系、500 系、700 系三种时速都在 270 公里以上的后起之秀的高性能列车。最小曲线半径区间限制了这三种车型能力发挥的事实，益发明显了。要想解决这个问题，增大最小曲线半径无疑是最彻底的办法，然而，在寸土寸金的日本，这是极不现实的办法。相对而言，从车辆上来解决这个问题就要简单得多。具体办法是：在过曲线区间时，让车体向曲线的内侧倾斜——就像你骑自行车拐弯时身体向弯道内侧倾斜一样。

这种具有车体倾斜功能的，便是日本新干线列车的新锐 N700 系列车！

2002 年，即 100 系列车从东海道新干线隐退的前一年，JR 东海与 JR 西日本公司便着手联合开发 N700 系列车了。新干线列车中，700 系列车以性价比适中，乘坐舒适度好而广为人知。N700 系的"N"，有"New"（新）或"Next"（下一代）的意思，通俗地讲，就是新版本的 700 系列车。确实，无论从最高速度、起动加速度、乘坐舒适性还是节能等方面来看，N700 系都要胜过 700 系一筹。

不过，N700 系在技术上的最大特点还是其车体倾斜功能。

具体地讲，N700 系列车在通过半径 2500 米的最小曲线区间时，通过控制调节左右空气弹簧的高度，让车体向曲线内侧只倾斜 1 度，列车就可以 270 公里／小时的速度通过了，比原来的曲线通过速度提高了整整 20 公里／小时！

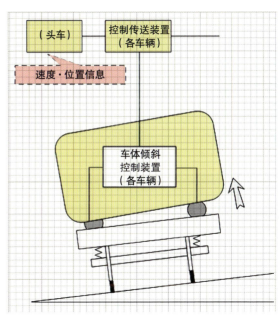

⬆ N700 系车体倾斜基本原理

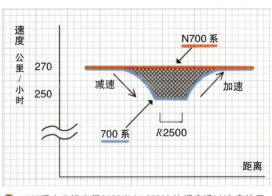

⬆ N700 系在曲线半径 2500 米（*R*2500）处提高通过速度效果

说到让车体倾斜，提高列车曲线通过速度，很多人大概马上就会想到摆式列车吧。不过，N700系的车体倾斜技术与一般的摆式列车技术可有些不同，主要表现为两点：

第一是让车体倾斜的方式不同。摆式列车的车体倾斜要么是靠列车通过曲线时产生的离心力（被动式），要么是靠安装在转向架上专门的倾摆装置来实现的（主动式）；而N700系仅靠控制左右空气弹簧高度来实现车体倾斜。

第二是倾斜的角度不一样。由于一般的摆式列车都是运用在既有线上，而既有线的最小曲线半径比新干线要小得多，因此倾斜角度多在5~10度之间，而N700系只倾斜1度。

通过调节左右空气弹簧高度来使车体倾斜的技术并非始于N700系。早在1997年，在JR北海道既有线上运行的201系列车就采用了这种技术。现在我们来看N700系通过最小曲线半径时是如何让车体倾斜的。

N700系为14动2拖的16辆编组，全长

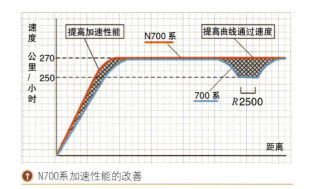

↑ N700系加速性能的改善

400米。在各车辆上都安装有1台车体倾斜控制装置，共计16台。

要让列车在通过曲线时倾斜，那列车首先就得知道自己现在的具体位置才行，这个任务是由"数字ATC"列车运行控制系统来完成的，它将地点信息传输给车体倾斜控制装置。控制装置将获得的地点信息与自己的车载地图信息相比较，从而判断列车运行地点是否属于需要车体倾斜的小曲线半径区间。

如果是，控制装置按照车载地图信息中的曲线半径、超高信息以及列车运行速度来

N700系与700系在技术上的主要不同点

项　　目	N700系	700系
最高运营速度 （公里／小时）	270（东海道）	270（东海道）
	300（山阳）	285（山阳）
曲线通过速度 （公里／小时）	270	250
起动加速度 （米／秒²）	0.72（东海道）	0.44（东海道）
	0.56（山阳）	0.56（山阳）
动车与拖车比例	14动2拖	12动4拖
牵引电机功率	305千瓦	275千瓦
牵引总功率	17080千瓦	13200千瓦
拖车制动装置	空气制动	空气制动+盘式涡流制动
牵引／制动指令传送方式	列车网络控制系统+备用金属线指令传输	贯通线顺次加压方式
车体倾斜装置	空气弹簧式（倾斜角度1度）	无
半主动控制减振器	全车配置	只有7辆配置

计算车体应该倾斜的角度，进而推算出左右空气弹簧高度目标值。空气弹簧高度目标值与实际高度值相比较，根据高度偏差值向可调节空气弹簧高度的电磁阀发出相应的开关指令即可达到目的了。

要注意，过曲线时首先是头车车体倾斜，然后后续车辆的车体依次倾斜，而不是所有车辆的车体都同时倾斜的。

为了保证车体倾斜能够安全、可靠地进行，与车体倾斜相关的电子控制装置、空气弹簧高度传感器等均设置两套同样的装置，其一为备用的冗余设计。

作为 700 系的更新版本，在 700 系的基础上，N700 系开发了多项新技术。

与既有新干线列车相比，N700 系在技术上显得新颖而成熟。除车体倾斜功能之外，N700 系还有如下的技术特点。

（1）速度快

在 N700 系问世之前，日本新干线最高运营时速达到 300 公里的只有 500 系一种车型。N700 系是第二种时速可达 300 公里的新干线列车。不过，由于线路条件的限制，N700 系在东海道新干线上的最高运营速度还只有 270 公里 / 小时，只有到了山阳区间，它的能力才充分发挥出来，最高运营速度达到每小时 300 公里。东京至博多运行时间只需 4 小时 50 分钟。

（2）起动加速度最大

N700 系的起动加速度也是所有车型中最高的，达到 0.72 米 / 秒^2，而 700 系只有 0.56 米 / 秒^2。同样拥有日本第一高速列车美誉的 500 系的起动加速度只有 0.44 米 / 秒^2。在起动加速度方面，日本通勤列车多为 0.83 米 / 秒^2，N700 系与需要频繁加、减速的通勤列车差不多

在同一个水平上了，它从静止加速到每小时 270 公里只需 180 秒，而同样的条件下，700 系需要 300 秒。

（3）节能

N700 系是新干线列车中的节能"优等生"。通过对头车形状的优化，车体外形的平滑处理，不但减小了 N700 系运行时的噪声，运行时空气阻力也比 700 系减少了 20%。通过车辆轻量化、动车增加带来的再生制动力更加充分利用等手段，N700 系的运行能耗比 700 系降低了 10%。

（4）舒适性好

700 系以乘坐舒适性好而闻名，而 N700 系比 700 更胜一筹。16 辆编组的 700 系列车中只有 7 辆车的转向架上安装有半主动减振器；而为了提高乘坐舒适度，N700 系的车辆都安装了半主动减振器。由于东海道新干线新采用了数字 ATC 列车运行控制系统（简称"列控系统"），用一次连续制动方式取代了原来的阶梯式制动方式，列车制动变得更加平稳了（关于列车运行控制，请参见本书第十单元）。此外，通过采用低噪声地板、地板下电气装置和驱动装置的低噪声化等方法，有效地降低了车内噪声。

（5）合理的"动拖比"

14 动 2 拖的编组也趋于成熟，它抛弃了盘式涡流制动。所谓"动拖比"，就是指一个编组中动车和拖车数量之比。可不要小看动拖比的选择，其中蕴含的技术上的深意非常值得探究。看上去简单不过的动拖比，实际上包含了设计者对轮轨黏着利用、制动方式的选择、性价比的考虑、牵引传动系统的技术水平、装置维护管理等诸多方面的综合理解。

↑ "小老弟" N700系（左）和"老大哥"100系（右）在一起

这里，让我们来试着分析一下300系、500系、700系、N700系几种新干线主力车型动拖比演进的技术背景。最早采用交流传动技术的300系为10动6拖的编组方式，300系的拖车采用了空气制动加盘式涡流制动方式，笨重的涡流制动装置使得拖车比动车还重。紧接着问世的500系列车全部采用动车，虽然在再生制动利用方面趋于完美，但全动车方式造价实在太高，而且，由于前后端的头车黏着系数相对较低，容易发生空转滑行

现象，这影响了头车牵引与制动力的发挥。700系吸收了300系和500系动拖比选取上的经验，选择了12动4拖的编组方式，这样，700系的性价比相对适中，头车设为拖车，也避免了头车黏着系数较低的麻烦。但是，700系似乎也没能彻底地吸收300系失败的教训，它的拖车依旧采用了盘式涡流制动。N700系选取14动2拖的动拖比可谓完美：拖车抛弃了涡流制动装置，更加轻量化了；常用制动力从高速降至大约30公里/小时，只靠14辆动车的再生制动力就可完全承担，可谓充分利用了再生制动力；前后头车的黏着系数较小，干脆不让它们介入牵引与制动，设为拖车就是了；再有，14辆动车让设计人员在考虑轮轨黏着利用的时候，有了更大的自由度。

2005年，N700系量产车（批量生产的车）的样车问世后，很快投入试验运行。2007年，开始投入商业运行，作为新干线列车中的佼佼者，N700很快就获得业内外人士的一致好评。

↑ 新干线深受欢迎的N700系

6 速度状元 E5 系的模特儿 ——FASTECH360

人类对交通工具速度的追求是没有止境的，就像田径 100 米短跑纪录被不断刷新一样，新干线列车的最高运营速度也在不断地被更新。

1964 年，0 系列车的最高速度是 210 公里 / 小时。

1985 年，100 系列车的最高速度达到 230 公里 / 小时。

1992 年，300 系列车的最高速度达到 270 公里 / 小时。

1997 年，500 系列车的最高运营速度达到了 300 公里 / 小时。2007 年问世的 N700 系列车虽然在技术上抢尽了风头，但在速度上，它没能超越 500 系，只是相互打了个平手，最高速度依然停留在 300 公里 / 小时。

继 500 系和 N700 系之后，新干线列车的下一个速度目标会是多少呢？哪种车型会成为速度新科状元呢？很多人对此都充满了好奇与期待。

2011 年 3 月 5 日，当色彩和头型都与众不同的 E5 系"隼"号在东北新干线上刚一亮相，就赢得了日本媒体及铁路爱好者的喝彩。这位新干线列车中的速度新科状元，最高运营速度可达 320 公里 / 小时！它以高出 20 公里 / 小时的绝对优势，把 500 系和 N700 系甩在后面。

如果谁想认识 E5，最好先认识它的模特儿—— FASTECH360 高速试验列车。

↑ 日本FASTECH360S试验列车的1号车

（1）时速 360 公里高速目标的提出

1999 年，世界铁路研究会议 WCRR' 99（WCRR: World Congress on Railway Research）在东京召开，据说，在闭幕式上，日本铁路界高层人士向世界铁路界人士宣布：日本将研发世界最高运营时速 360 公里的高速列车！

日本为何要将速度目标定在 360 公里 / 小时？

20 世纪 80 年代，蒋大为的一首《北国之春》唱遍了中国大江南北，一时成为在中国最为家喻户晓的日本歌曲。歌中所谓的"北国"，指的是日本北海道。北海道，以其广阔的平原，夏季的凉爽，冬季的雪景，总是吸引着众多的国内外游客前去游览。然而，倘若要从东京乘坐列车去北海道旅游，却让人感觉旅途遥远，即使你乘坐特快列车，从东京至北海道最大的城市札幌也需要 9 小时 30

分钟，而且中途还得换乘两次车。在日本，这可算得上长途旅行了。

既然从东京乘坐列车去札幌是如此不便，飞机受到绝大多数人的青睐也就在情理之中。从东京到札幌的飞行时间只需约 1 小时 30 分钟，加上东京和札幌市内与机场之间的移动时间，总共需要的时间也不过 2 小时 30 分钟左右。因此，从东京到札幌的航空与铁路客流量的差距悬殊得让人吃惊，各自所占比例为：飞机——95%；铁路——5%。

为了挽回在市场竞争中的颓势，最有效的手段便是缩短从东京到札幌的列车运行时间。要缩短到多少才能与飞机竞争呢？日本铁道界曾经有过多种说法，有说 3 小时以内的，也有说 3 小时 30 分钟以内的，还有说 3 小时 50 分钟以内的。总之，要与飞机竞争，列车运行时间必须控制在 4 小时以内！

按照日本 1973 年制定的新干线发展计划，日本今后要修建从本州的青森至札幌的北海道新干线，北海道新干线修好后，将与从东京至青森的东北新干线联通。这样，从东京至札幌的运输距离为 1035.2 公里。据此，只有列车的最高运营速度在 350 公里/小时以上，才能把运行时间控制在 4 小时以内！

据说，在 WCRR'99 的闭幕式上，日本铁路界高层人士原本准备宣布日本将开发时速 350 公里的高速列车。然而，戏剧性的一幕出现了，在他之前发言的西班牙铁路界高层人士提前宣布，西班牙将开发时速 350 公里的高速列车。大约是不想让给西班牙获得世界第一高速的荣誉吧，日本铁路界高层人士临场决定并宣布：日本将开发世界最高时速 360 公里的高速列车！

（2）"FASTEH360"高速试验列车的诞生

2002 年 4 月，JR 东日本在公司内设立了"新干线高速化推进项目"，在时速 360 公里高速列车的开发之路上迈出了第一步。日本首先对开发 360 公里/小时高速列车制定了如下四个课题：一是提高速度；二是确保可靠性；三是环保；四是提高舒适性。围绕这四个课题，日本正式开始着手开发工作了。应该注意到，这四个课题反映了日本的雄心壮志：要开发速度世界第一，在可靠性、节能环保、舒适性等方面也都要达到世界最高水准的高速列车。

日本在技术上素来谨小慎微，这次也不例外。他们首先对 360 公里/小时高速列车所需的各项子技术进行探讨和研究，并利用 E2-1000 系和 E3 系进行了各种运行试验，尽最大可能获取各种现车实测数据。

时光如飞，一转眼就到了 2003 年的秋天。日本对前期的各种技术准备进行了全面的集中讨论后，认为 360 公里/小时高速列车的开发在技术上是完全可行的。接下来，就该是试验列车的制造了。

日本开发了两种时速 360 公里的高速试验列车：E954 型和 E955 型。8 辆编组的 E954 型为新干线专用试验列车，6 辆编组的 E955 型为新干线和既有线直通运行试验列车。日本人总喜欢给列车取个漂亮有趣的昵称，这两种试验列车被亲切地称为"FASTECH360"。FASTECH 是 Fast Technology（高速技术）的英文缩写后的日本自造复合词；360 指列车的最高运营时速是 360 公里。为了区分 E954 型和 E955 型，E954 型被称为"FASTECH360S"，S 是新干线（Shinkansen）发音的第一个字母，意即新干线区间专用的试验列车；E995 型被

称为 "FASTECH360Z",Z 是既有线（日文叫 "在来线（Zailaisen）"）发音的第一个字母，意即是可与既有线直通的试验列车。

2005 年 6 月，JR 东日本首先推出了人们期待已久的 FASTECH360S 试验列车。2006 年，FASTECH360Z 也展示在世人面前。下面，我们只介绍 FASTECH360S。

FASTECH360S 刚一亮相，立即俘获了人们的眼球。且不说那充满高速感的不同流线形的两个车头，单是车顶上的俗称 "猫耳" 的空气阻力紧急制动装置，就引起人们很多好奇的议论。

（3）"FASTEH360S" 的技术特点

FASTECH360S 是怎样的一种车型呢?

FASTECH360S 为 6 动 2 拖的 8 辆编组。由于是试验列车，因此，1、4、8 号车厢没有设置座椅，而是作为测量室来使用的。列车的最高运营速度为 360 公里 / 小时，均衡速度达到 405 公里 / 小时，制动系统的制动性能也是按照最高速度 405 公里 / 小时来设计的。由于日本人口密集，因此对高速列车运行时引起的沿线噪声和振动都有极其严格的要求。为了满足对环保的要求，降低高速列车对铁路沿线的振动、噪声影响，FASTECH360S 的平均轴重仅为 11.5 吨、最大轴重也不超过 12.5 吨，要知道，与其他国家的高速列车轴重比起来，这是一个非常小的数字。空气动

↑ FASTECH360S 的 1 号车（另一端头型）

↑ FASTECH360S 的 8 号车（车顶的 "猫耳" 为利用空气阻力的紧急制动装置）

FASTEH360S 的主要技术参数

车 号		1	2	3	4	5	6	7	8
形 式		T1c	M1	M2	M2	M1s	M2	M1	T2c
		普通车带座椅	普通车	普通车	普通车带座椅	特别车	普通车	普通车	普通车带座椅
定 员		测量室	85人	94人	测量室	51人	75人	83人	测量室
轴 重		平均11.5t以下，最大12.5t以下							
最高运营速度		360公里/小时（车轮径820毫米以上时，可达405公里/小时）							
车辆主要尺寸		长25000毫米 × 宽 3380毫米 ×高3650毫米 (头车车体长 27500毫米)							
转向架	材 料	铝合金							
	头 型	流线型(Stream-line)			箭头型（Arrow-line）				
	方 式	带车体倾斜装置的无摇振转向架							
	尺 寸	车轮径860毫米、轴距2 500毫米							
	齿轮传动比	2.45							
	轴箱悬挂	转臂式定位	拉板式定位			转臂式定位			
主电路	供电方式	AC25千伏 / 50赫兹							
	受电弓	单臂式低噪音受电弓（2, 7号车）							
	控制方式	VVVF逆变器控制							
	牵引电机	—	三相异步电机		永磁同步电机		三相异步电机		—
	牵引电机功率		370千瓦×8台		355千瓦×8台		350千瓦×8台		
制动方式		再生制动+空气制动							

力学问题是高速列车设计永远而常新的课题。FASTECH360S 的"鼻子"长达 16 米，头车长度达到 27.5 米，比 E2 系列车要长 1.8 米。FASTECH360S 的主要技术参数如上表所示。

在开发 FASTECH360 之前，日本对它的定位是：一是 360 公里/小时运行车辆的样车；二是高速运行时各种现象分析解释的试验平台；三是未来型舒适移动空间的提议舞台。

第一个定位是不言自明的，无须赘述。

我们来看第二个定位。别看日本是世界高速铁路的先驱，当时已有近 50 年的高速铁路运营经验，但对于列车以时速 300 公里以上的运营速度运行时，轮轨之间的黏着、车体周边的空气动力学问题、受电弓的受流质量等到底会发生什么样的现象，并没有足够的前期技术数据储备，诸多现象都还需要去验证、分析。如果没有实际验证，是无法确定 360 公里/小时量产车的合理技术参数的。

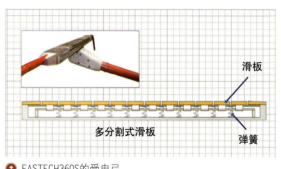

↑ FASTECH360S的受电弓

滑板
多分割式滑板
弹簧

因此，日本把 FASTECH360S 当作一个试验平台，对各种技术条件进行修改、调整、试验，对高速运行时的各种现象进行分析、比对，以期为量产车制定最佳的技术参数。

↑ FASTECH360S采用的异步牵引电机（左）与永磁同步牵引电机（右）

FASTECH360S 技术上的特点

项目		技术上的特点
提高运营速度	驱动系统	第1, 动力单元牵引变流器采用水循环+自然通风冷却方式, 抛弃了既有的采用冷却风机的强迫风冷方式。实现了装置的小型化、轻量化, 降低了噪声和维护工作量。 第2, 牵引单元采用永磁同步电机牵引, 提高了电机效率, 降低了发热量。 第3, 牵引单元的牵引变压器采用以冷却风机为主、列车自然通风为辅的冷却方式。这种方式减轻了冷却风机的负担, 也达到了降低噪音的目的
	受流装置	运行中, 1个编组只使用1台受电弓。采用多分割、多弹簧支持式滑板的新型低噪音受电弓, 降低离线率
	编组牵引力与制动力的控制	在保持编组牵引力或制动力不变的前提下, 根据各动轴的空转/滑行情况, 各动轴承担的牵引力与制动力可调节
确保可靠性	转向架及转向架部件	转向架构架及轮轴强度能满足425公里/小时的高速运行; 采用高黏度润滑油润滑的锥形滚动轴承; 采用新型的山叶(Yamaba)减速齿轮
	机械制动装置	机械制动装置的摩擦系数、制动盘的热变形、磨耗量均能满足列车以最高400公里/小时运行时的反复多次实施非常制动的要求
	主要装置的冗余性	故障时牵引及制动装置的解除(Cutout)由原来的以车辆为单位变为以转向架为单位; 制动系统的演算装置采用二重化结构; 新开发转向架异常情况监视系统
	自然灾害	为减少雪天卷入车体的雪量, 优化了转向架附近的车体形状, 增设了融雪装置; 为了提高地震发生时的安全性, 从不容易脱轨、尽量缩短制动距离、万一发生脱轨要将危害降低到最小程度等三个方面做了技术上的探讨; 采用利用空气阻力的"猫耳"制动装置缩短紧急制动距离
环保	噪音抑制	低噪音受电弓的开发, 受电弓隔音板, 司机室出入口的平滑化; 车辆下部减噪结构; 地面设备对策
	隧道微气压波抑制	16米流线形车头的采用; 车体断面积从E2的11.2平方米减小为10.5平方米
	地面振动抑制	低轴重
提高舒适性	乘坐舒适度	横向减振器执行装置采用电磁式（原来空气式）; 最大倾斜度2度的车体倾斜装置的采用; 3种转向架、2种减振装置和车体倾斜装置的比较研究
	车内噪音抑制	新地板结构; 转向架上部地板采用双层结构; 多层玻璃窗的空气层扩大; 低噪音空调装置的采用等
	室内设计	2号、3号、5号、6号、7号车不同的客室设计理念
	座椅	采用15种座椅进行比较研究
	空调	搭载3种空调装置进行比较研究

如果说早期的新干线列车开发的主要着力点是如何实现列车的高速、安全运行的话，那么，随着时代的发展，人们对高速列车乘坐舒适度的要求也变得越来越高。因此，如何能为乘客提供一个舒适的移动空间，也成为设计人员设计时的一个重要课题，这便是对 FASTECH360S 的第三个定位的缘由。

为了实现这三个定位目标，FASTEH360S 在主电路装置的小型化、提高高速受流性能、保证装置的可靠性、防治雪灾、抑制噪音和振动、提高舒适性等方面，采用、开发了大量的新技术。

7 "速度状元" E5系

"隼"，是一种飞得很快，善于袭击其他鸟类的猛禽。E5 系列车名就以这种鸟命名为"隼"号。E5 系是目前日本国内运营速度最高的列车，取名"隼"，自然有其速度快之意。"隼"号列车上半部车身为绿色，下半部为飞云白，中间配一条粉红色带；无论是二等座的 1~8 号车，还是一等座的 9 号车，更不消说在新干线列车上首次设置的装饰典雅的 VIP 座 10 号车，无不让人感觉温馨舒适，从"隼"号列车身上，我们全看不出隼的一丝凶猛。

2011 年 3 月 5 日，E5 系在东北新干线上开始了它的商业运行"处女秀"。从外观上，它与 FASTECH360S 形似；技术上，它也与 FASTECH360S 神似。然而，毕竟两者一是商业运营列车，一是试验列车，二者到底还是有些不同，其主要差异体现在以下几个方面。

（1）最高速度

别看 FASTECH360S 在日本国内外的知名度很高，但它的高速试验的具体情况却低调而神秘。拿最受关注也最易理解的最高试验速度来说吧，即使在互联网如此发达的今天，即使我们费尽心机去网上查询，也找寻不到那个我们感兴趣的数字。据某位日本专家讲，FASTECH360S 的试验速度曾达到过 405 公里/小时。不管这位专家所讲与真实数据是否相符，但我们仍可以推断出 FASTECH360S 的最高试验速度应在 360 至 443 公里/小时之间。这样的推断理由何在呢？首先，FASTECH360S 是为今后实现 360 公里/小时的商业运营而开发的试验列车，因此，其最高试验速度不可能低于 360 公里/小时。再者，日本国内列车最高试验速度纪录是 443 公里/小时，该纪录于 1996 年由新干线试验列车 300X 创造。如果 FASTECH360S 的试验速度值高于 443 公里/小时，我们很难相信 JR 东日本公司低调到连新的试验纪录都不发布的地步。

E5 系的最高运营速度值是 320 公里/小时。这个数字或许令关心它的人多少有些意外和失望，因为 FASTECH360S 几年间的高调亮相，让人们早就记住了"360"这个数字。单从实现 360 公里/小时高速运行的角度讲，日本在技术上没有任何问题。问题在于，日本对新干线列车车外噪声的规定实在是太过严格，75dB(A) 这个看似寻常的数字，阻挡了日本实现 360 公里/小时运行的脚步。降噪！降噪！日本高速铁路界几十年一直在为之努力，在车体、受电弓、隔音墙到隧道出入口形状等等方面都进行了全面的技术革新。尽管如此，E5 系如果以 360 公里/小时的速度运行，仍然难于达到国家的车外噪声标准，不得已，它的实际最高运营速度只好下调到 320 公里/小时。

（2）外　　形

看见 E5 系，首先我们会看到它比 FASTECH360S 变长了。是的，E5 系为 8M2T 的 10 辆编组，而 FASTECH360S 为 6M2T 的 8 辆编组，长度上 E5 要长 50 米左右。头型呢？FASTECH360S 的头尾车采用不同的流线型，E5 的头尾车头型采用的都是 FASTCH360S 的 8 号车箭头型，不过，为了保证列车定员，E5 系的头车流线型部分的长度从 FASTECH360S 的 16m 缩短为 15m。

（3）技　　术

曾引起无数人好奇的 FASTECH360S 风阻制动装置——车顶上的"猫耳"，在 E5 系上并未得到采用。从公开的资料看，JR 东日本公司的解释是，由于列车最高速度已从 360 降低为 320 公里 / 小时，用传统的电空联合制动已能满足制动的要求。当然，我们也可以做这样的推断，由于风阻制动力对列车速度极其敏感，速度越高效果越好，而在 360 公里 / 小时速度等级以下，风阻制动的效果并不理想，加之风阻制动装置还会占用车辆空间以及增加车辆重量等缺点，导致 E5 系放弃了这项新技术。

在牵引技术方面，FASTECH360S 尝试了采用永磁同步电机牵引技术。永磁同步电机在日本地铁车辆上已经实用化，从地铁公司的统计数据看，节能效果明显。如果 E5 系也采用这项技术，将开新干线列车采用永磁同步电机驱动的先河。遗憾的是，E5 并未向这项技术抛出橄榄枝。是永磁同步电机牵引系统本身价格太昂贵？还是日本国内目前掌握此项实用化技术的厂家太少，担心垄断带来的一家独大的问题？或者二者兼而有之？目前，原因不得而知。

8 新版"小町"号E6系

我们在前面讲到，E3 系列车以秋田县古代美女"小町"命名。2010 年 7 月 9 日，新版"小

→ 新版"小町"号E6系新干线列车

町"号——E6系样车在仙台市新干线综合车辆中心亮相了！E3系与E6系堪称新干线车型中的姊妹花，两者都可以在标准新干线和小型新干线上直通运行。

E6系是在高速试验列车FASTECH360Z试验成果的基础上开发的。2005年6月，日本完成FASTECH360Z的研制，2006年4月开始了各种运行试验。被称为"新版'小町'号"的E6系有些什么特点呢？

首先便是它的速度。E6系在标准新干线区间的最高运营速度与E5系一样，可达320公里/小时。不过，它一旦进入小型新干线区间，便与E3系一样，最高运营速度只能降为130公里/小时了。

其次，E6系的编组也有些特别，为5M2T的7辆编组。看到"7"这个数字多少会让人觉得有不上不下的感觉，原来是事出有因：JR东日本公司希望E6系与既有6辆编组的E3系有同样的定员数，而车内残疾人设施的充实、为降低隧道微气压波长达13米的头车流线型部分的设计等影响了定员数量的增加，不得已，E6系只得设计为7辆编组。

其三，E6系今后既可单独运行，又可与E5系重联运行。

其四，E6系的车辆宽度与E3系一样，只有2945毫米，与其他车型3380毫米的宽度相比要苗条得多。最后，为了能在标准新干线和小型新干线上自由穿梭，E6系可在25千伏/50赫兹和20千伏/50赫兹两种供电方式下运行，同时还能在DS-ATC和ATS-P两种信号方式下安全运行。

第2节 法国：从TGV到AGV

据国际铁路联盟统计，截至 2011 年 11 月 1 日，法国现有高速线路 1896 公里，未来高速铁路里程还将达到 3500 公里。法国先后在国内以及国际线上投入商业运营的 TGV 系列高速列车有 7 种。法国是继日本之后的世界高速铁路技术强国，动力集中方式、铰接式转向架、同步牵引电机，运营速度高、试验速度世界第一，并能在既有线上直通运行等等，这些法国 TGV 高速列车的特点一直是世界高速铁路界的热门话题。让我们就来了解一下法国从第一代至第四代高速列车的一些基本情况吧。

1 首款高速列车TGV-PSE

法国第一代高速列车 TGV-PSE 于 1981 年 9 月 27 日在法国东南线（巴黎—里昂）一面世，便给世人留下了强烈印象。

尽管早已声名远扬的日本 0 系新干线列车采用的是动力分散方式，但法国并未为之所动，TGV-PSE 依旧采用法国一贯擅长的动力集中方式。其编组形式为 2 机车 8 拖车，即在编组的前后端各配置有 1 台用直流电机

⬆ 法国第一代TGV-PSE高速列车

法国 TGV 系列高速列车主要参数

车 型	TGV-PSE	TGV-A	TGV-R	TGV-D	TGV-POS	欧洲之星	Thalys
运营线路	东南线	大西洋线	各路线	东南线 地中海线	东线	国际列车	国际列车
开始运营年	1981	1989	1993	1996	2007	1994	1996
最高运营速度（公里/小时）	300	300	300	300	320	300	300
列车长度（米）	200	237	200	200	200	394	200
编组形式	2机车8拖车	2机车10拖车	2机车8拖车	2机车8拖车	2机车8拖车	2机车2动车16拖车	2机车8拖车
动力配置方式	集 中						
转向架方式	铰 接 式						
定员（人）	368	485	377	545	377	794	377
车体宽度（毫米）	2904	2904	2904	2896	2904	2814	2904
列车重量（吨）	418	484	416	424	—	816	418
最大轴重（吨）	17	17	17	17	17	17	17
牵引总功率（千瓦）	6420	8800	8800	8800	9280	12240	8800

驱动的电力机车,中间是 8 辆不带动力的拖车,编组共有 12 台 625 千瓦的牵引电机,编组额定牵引功率为 6420 千瓦。TGV-PSE 采用铰接式转向架,即将转向架安放在 2 节车辆连接处下面,法国其后开发的第二代、第三代高速列车依旧保持着这个技术特点;而日本和德国一直采用独立式转向架,即在每节车辆下面独立安置 2 台转向架。TGV-PSE 全列车共有 13 台转向架,其中 6 台是安装有牵引电机的动力转向架,有两台分别安装在临近电力机车的拖车端部(关于转向架,请参见本书第六单元)。

TGV-PSE 的车长为 200 米,定员为 368 人,编组重量为 385 吨,最大轴重 17 吨。TGV-PSE 在投入运营之初的最高运营速度为 260 公里 / 小时,超过了日本新干线,是当时世界的最高速度。两年后它的最高运营速度提高到了 270 公里 / 小时。2001 年,法国对东南线信号系统作了改良,TGV-PSE 的最高运营速度再次提高,达到了 300 公里 / 小时。与 0 系新干线列车 3380 毫米的车宽相比,TGV-PSE 就显得身材要苗条一些,它的车宽只有 2814 毫米,这既是法国客流相对较少之故,也是为了减小列车开行时的空气运行阻力。

TGV-PSE 编组设有 3 辆一等车,座椅配置为 2+1 方式,一等车的定员为 108 人;设有 4 辆座椅配置为 2+2 方式的二等车,编组中间还有 1 辆酒吧车,酒吧车上还设有 20 个二等座席。

TGV-PSE 吸取了日本 0 系新干线列车受电弓过多导致受流不良的教训,在单编组运行时只用 1 台采用两级悬挂的受电弓受流,两个编组相挂运行时为双弓受流。为了扩大运输范围,更好地方便乘客出行,TGV-PSE 既可以与既有线直通运行,还可以作为国际高速列车开行。因此,TGV-PSE 的牵引动力装置可对应 3 种供电制式:交流 25 千伏 /50 赫兹、交流 15 千伏 /16.7 赫兹、直流 1.5 千伏。

TGV-PSE 的问世,打破了世界高速铁路的格局,法国从此成为继日本之后的又一高速铁路强国。

2 首破运营时速300公里的TGV-A

TGV—A,给人印象最深刻的是它的速度:它是世界上最先实现时速 300 公里高速运行的列车;也曾是世界列车试验速度纪录的创造者,1990 年的试验速度达到了 515.3 公里 / 小时。只此两个速度,就可以让当时的法国在世界铁路界中独自称雄了。

TGV-A 是为法国的第二条高速铁路——大西洋线(巴黎—勒芒、图尔)而设计制造的。与 1981 年开通的东南线相比,大西洋线的线路最大坡度减小了,只有 15‰(部分为 25‰);东南线全线一个隧道也没有,大西洋线有隧道。大西洋线开通前,由于法国没有在隧道中开行高速列车的经验,因此,TGV-A 投入运营初期,列车在

↑ 法国TGV-A高速列车

↑ 2007年4月3日法国V150试验列车创造铁路高速行车世界纪录现场

隧道中高速运行时车内压力的变化导致很多乘客感觉耳朵极其不适，不得已，TGV-A在隧道中被限速为180公里/小时。

TGV-A仍然采用动力集中方式，编组为前后各一台机车、中间10辆拖车，全长237米。列车总定员为485人，10辆拖车中有3辆一等车、6辆二等车、1辆酒吧车。法国在应对客流变动的措施方面，似乎总能想到一些别人未曾想到的新招。例如，在TGV-A车上设有37个折叠椅，供临时超员时使用。

TGV-A的车头与TGV-PSE车头的"个头"基本上一样，只是TGV-A在高度上略高出58毫米而已。TGV-A的"脸庞"也与人们熟悉的TGV-PSE相似，显得轮廓分明而强劲有力。不过，TGV-A的车头流线型曲线要显得更为平滑一些，不用说，这是基于空气动力学特性分析优化的结果，事实上，TGV-A头部空气阻力比TGV-PSE降低了10%左右。

在技术上，法国人依旧坚持着自己独特的技术路线：动力集中、铰接式转向架、单弓受流等。在TGV-A身上，法国又添加了一项坚持至今的、与日、德所不同的技术：采用交流同步电机牵引。TGV-A采用8台同步牵引电机，每台电机的输出功率为1100千瓦，列车总牵引功率为8800千瓦。

1990年5月18日，出现在大西洋线上的TGV-A的第325编组委实有些"异样"：原来的10辆拖车被减为3辆，变成2L3T的编组，车轮轮径也增大了，从本来的920毫米增大为1090毫米。为什么要这样做呢？原来，这一天，法国人将向世界列车试验速度纪录发起冲击。法国人成功了，TGV-A的试验速度达到515.3公里/小时，创造了轮轨式铁路的试验速度世界纪录！让世界铁路界感到既兴奋又震惊。这个纪录一直保持了17年。直到2007年4月3日，这一纪录才被法国人自己打破，在TGV东线上用V150试验列车再次创造了574.8公里/小时的新世界纪录。

3 双层高速列车TGV-D

法国东南线开通之后，其客流量增长之快，大大超过经营者法国国铁的预测。从

1981 年开通后，不过 10 年光景，东南线的客流量就变成了当初的 2 倍。客流增加，固然让经营者看在眼里，喜在心头，但客流的剧增，也有让人犯愁的地方：如何来解决高峰时段的运输能力不足的问题？

东南线车站站台长度才 400 米，只可容纳两编组相挂运行的 TGV-PSE 列车停靠，因此，要想通过增加列车编组长度来增加运输能力，只有把车站站台加长才行，然而，这要实现起来动静可不小，难度很大。如何办呢？法国国铁决定打造双层客车来增加运输能力。在这种指导思想下问世的便是法国的第三代高速列车——双层高速列车 TGV-Duplex，人们一般简称为 TGV-D，有些专业书籍又称之为 TGV-2N。

TGV-D 于 1996 年投入商业运行。其编组形式为两头各一台机车、中间 8 辆拖车全为双层，高度为 4.3 米，定员为 545 人，比 368 人的 TGV-PSE 要多 49%，在运输高峰时段，TGV-D 两个编组相挂运行，一次就可以运输 1000 人以上！TGV-D 编组设有一等车 3 辆，二等车 4 辆，酒吧车 1 辆。TGV-D 虽是以增大运输能力为目的而开发的，但在乘客服务方面依旧给予了足够的重视，在车上设有家庭包间、哺育室、儿童活动空间、行李存放间等。

↑ 法国TGV-D双层高速列车

与以前的TGV—PSE轮廓分明的"脸庞"不同,TGV-D"脸庞"的线条要显得平滑得多。它的司机驾驶台没有像TGV-PSE那样设在左边,而是移到了中央位置。在牵引传动技术方面,与TGV-A一样,TGV-D也采用交流同步电机牵引,牵引总功率为8800千瓦。在制动技术上,TGV-D与以前的车型有较大的不同:在电力机车转向架上不再采用闸瓦踏面制动,而采用轮盘式盘形制动,仅在各轮对的每个轮子上安装了一套轮盘式制动盘。

4 技术大换向的AGV

2008年2月5日,法国阿尔斯通公司向全世界公开了他们的最新型高速列车AGV(Automotrice Grande Vitesse)样车,AGV是法国的第四代高速列车,也是法国打造的最快的高速列车——速度为360公里/小时。

AGV的外形与我们熟悉的法国TGV高速列车形象完全不同,那如雕塑艺术品般的车头形状让人过目难忘,既显得阳刚十足,又充满了高速感。在技术上,AGV最引起铁路专家们关注的是:它采用动力分散方式,而没有采用法国TGV一贯坚持的动力集中方式。

法国为什么要在技术方向上大换向呢?技术换向的背后,有着怎样的社会背景?也就是说,法国为什么要研制AGV?

AGV主要是法国面向国际市场开发的高速列车。

在东南线上运行的TGV-PSE(2L8T)和在大西洋线上运行的TGV-A(2L10T),都可谓是根据客流量而"量身定做"的,即8辆拖车、定员368人的TGV-PSE和10辆拖车、定员485人的TGV-A都能很好地胜任两条线路的

旅客运输任务。后来的TGV-R和TGV-D就不再是为某一条线路而"量身定做"的了,而是从法国整个铁路网的客流需求的角度而设计制造的。对于法国国铁来说,即使进入21世纪,从满足国内旅客运输需求的角度看,拥有既有的高速列车车型就足够了。在运能方面,TGV-D的定员可达545人,因此,即使像东南线这样在高峰时段客流量大的线路,法国国铁也只需增加双层的TGV-D的数量就可以了。

然而,如果放眼国际市场,海外市场的竞争正日趋激烈。尽管法国对动力集中似乎情有独钟,但作为国际商业舞台上竞争对手的日本和德国在动力分散技术的上佳表现却越来越引起其它国家的兴趣和关注。另外,在增大运力方面,法国应对的杀手锏是采用双层列车TGV-D运输,但国外多数用户对双层列车的兴趣却似乎始终有些冷淡。

总之,为了增强海外市场的竞争力,从1998年,法国阿尔斯通公司决定着手第四代高速列车——AGV高速列车的开发了。AGV依然固守法国独特的铰接式转向架方式,但决定不再坚持动力集中方式。我们先浮光掠影地看看AGV的开发过程吧。

1998年,新一代动力分散方式高速列车AGV研究开始。

2001年,完成Elisa试验列车中的头车和中间车各1辆的研制,对动力分散方式列车的噪音、主电路、车辆动力学性能进行了测试。

2003年,阿尔斯通内部成立AGV开发团队,通过广泛的市场和技术调研,制定了AGV列车的性能要求和总体技术参数。

🔺 AGV高速列车驶出佛罗伦萨车站

2004年，命名为"Pegase"的AGV7（数字"7"，表示7辆编组）的样车试制开始。

2005年，选定车体和头型设计方案。

2006年，完成样车主变流器等主要装置的研制。

2007年2月，完成车体研制。

2007年12月，编组完成研制，并在全长1.5公里的Belluvue试验基地上进行40~60公里/小时的试验运行。

2008年2月，Pegase样车向世界公开展示。

从着手新一代高速列车研究开始到样车公开亮相，法国差不多花了10年时间！其间，2001年7月，德国西门子公司与西班牙铁路局签订了16列、基于ICE3平台研制的最高速度350公里/小时、动力分散方式高速列车VELARO-E的商业合同。这件事或许对法国开发AGV起到了相当大的推动作用。据文献讲，法国认为新一代高速列车要在今后的国际市场中拥有强的竞争力，AGV至少需要满足如下条件：

一是确保列车最高运营速度在350公里/小时以上；

二是确保乘客拥有最大的乘坐空间（采用动力分散）；

三是应能在不同信号方式的高速线、既有线上运行。

或许，这些条件是法国在参考了Velaro-E的相关情况，并结合实际市场调查得出的结论吧。

即使是从散见的关于AGV的各种介绍资料中我们也可以看出，法国为AGV的研发确实花了很大力气：据说，AGV的开发经费预算就达1亿欧元左右；阿尔斯通内部抽选了160名精英成立了AGV开发项目组；法国国内及欧洲的诸多配件厂家和科研单位也参与了AGV项目。

那么，法国历时 10 年左右倾力推出的 AGV 有哪些与众不同之处呢？

（1）编组的多样性

不同的国家，不同的线路，其客流需求的差异是很大的。为了应对各种客流需求，在市场需求调研的基础之上，法国准备了 5 种不同形式编组的 AGV 列车。这几种编组的速度等级不完全相同，定员也不一样。就好比餐厅为客人准备好写有各式菜肴的菜谱供客人挑选一样，AGV 编组的多样性，使铁路运营公司可按照运营需求选取希望的编组。根据用户需求，AGV 甚至可以做到 26 辆编组，编组长度达到 450m ——目前世界上单列最长的高速列车了！

AGV 的多种编组形式

编组形式	最高运营速度（公里/小时）	编组长度（米）	标准座席数	最多座席数
AGV7（7辆）	300	132	245	312
AGV8（8辆）	300	149	321	378
AGV10（10辆）	330	183	374	462
AGV11（11辆）	360	200	466	510
AGV14（14辆）	360	252	593	654

（2）动力分散

尽管日本和德国早就拥有了动力分散方式高速列车，但法国似乎对动力集中方式情有独钟，长期不为所动。直到 2008 年 AGV 样车的亮相，法国才结束了没有动力分散高速列车的历史。由于动力集中方式的 TGV 两端车头不能载客，因此，在同样编组长度的前提下，AGV 的定员比 TGV 要多。

动力集中方式的 TGV 与动力分散方式的 AGV 的比较

	TGV	AGV11
质量（吨）	430	416
转向架数量（台）	13	12
牵引总功率（千瓦）	8800	9400
最高运营速度（公里/小时）	320	360

（3）永磁同步电机的采用

在 AGV 问世之前，采用同步电机牵引，一直是法国 TGV 区别于日、德高速列车的一个鲜明的技术特点。这次，AGV 更进一步，改用永磁同步电机牵引了！以 11 辆编组的 AGV11 为例，它有 6 台动力转向架，列车单位质量的牵引功率达到 22.6 千瓦/吨，据阿尔斯通公司讲，这个数字要比竞争对手的列车高出 23%。永磁同步电机的优点在于：单位重量的输出功率高，超过 1 千瓦/千克，而异步电机约为 0.8 千瓦/千克，也就是说，在同样输出功率的情况下，永磁同步电机比异步电机要轻得多；它的效率比异步电机高，运行能耗更低；永磁同步电机采用全封闭、外冷却风扇的简易通风方式，电机内部与外界隔绝，能避免灰尘的污染，维护容易，可靠性高。

（4）铰接式转向架

AGV 依然坚持了 TGV 采用铰接式转向架的传统，即在车辆与车辆之间配置转向架。与我们熟悉的在各车辆下配置两台车辆式转向架相比，铰接式转向架可以减少编组的转向架总数量。例如，AGV7 只需 8 台铰接式转向架，如果采用车辆式转向架，则需要 14 台。

前面我们讲到，AGV 主要是法国面向国际市场开发的高速列车。那么，它将首先花

↑ 行驶中的AGV高速列车

落谁家呢？意大利首先抛出了橄榄枝。2008年1月17日，意大利的NTV公司与阿尔斯通公司签署了采购25列11辆（最大14辆）编组、最高运营速度360公里/小时、定员460人的AGV的合同。采购的这批AGV被命名为"Italo"，意为"意大利的"。"Italo"的车体颜色为鲜艳的红色，看见停在站台上的它的充满速度感的雄姿，很容易使人联想起法拉利跑车。2012年4月18日，"Italo"正式投入运营，目前的最高运营速度为300公里/小时。

↑ AGV高速列车一等包厢

↑ AGV高速列车普通一等座

第3节 德国：ICE 高速列车家族

德国高速铁路虽然开通得比日本和法国晚，但凭借其雄厚的技术实力，依然很快在世界高速铁路领域取得了不可替代的地位。德国的高速列车叫做ICE，先从动力集中方式开始，然后又向动力分散方式发展，现在已经从ICE1型、ICE2型到ICE3型，成为系列。然而无论是动力集中还是动力分散，德国ICE列车舒适的乘坐环境，先进的技术，都一直是世界铁路界关注的焦点。

德国 ICE 系列高速列车主要参数

	ICE1	ICE2	ICE3	ICE3MF
开始运营年份	1991	1997	2000	2000
最高运营速度（公里/小时）	280	280	300	320
列车长度（米）	358	205	200	200
编组形式	2机12拖	1机7拖	4动4拖	4动4拖
动力配置方式	集中	集中	分散	分散
转向架方式	独立式	独立式	独立式	独立式
定员（人）	645	370	391	380
车体宽（毫米）	3020	3020	2950	2950
列车重量（吨）	798	418	409	435
轴重（吨）	19.5	19.5	16	16
牵引总功率（千瓦）	9600	4800	8000	8000

⬆ ICE1型高速列车是德国第一代高速列车

1 技术独到的ICE1

ICE1型高速列车（简称ICE1）于1991年6月投入商业运营，作为德国的第一代高速列车，ICE1的亮相，自然吸引了世界铁路界人士关注的目光。其实，还在ICE1投入商业运行的3年前，它的试制样车ICE-V就已名满天下了：1988年4月28日，在世界铁道史上，ICE-V的试验速度首次突破了400公里/小时大关；5月1日，试验速度达到了406.9公里/小时，这是当时的世界纪录。

🔺 行驶中的ICE1高速列车（列车中部高出的餐车是ICE1的重要特征）

　　让我们近距离观察一下 ICE1 吧。

　　呈斜面的车头，混身白色加上位于车窗下的环绕车体一周由两种红色组成的红色色带，这是 ICE1 给我们的第一强烈印象。ICE1 采用动力集中方式，编组是：前后各配置一台电力机车，中间夹有 12 辆或 14 辆拖车。2 机 14 拖的编组长度达到 410.7 米，2 机 12 拖的编组长度也有 358 米，确实算得上是一条钢铁巨龙。

　　ICE1 采用交流 15 千伏 /16.7 赫兹的供电制式，可作为国际列车开行到瑞士和奥地利。非常遗憾，由于信号方式的不同，它不能开行到荷兰和比利时；又因为 19.5 吨的轴重，

法国担心它对轨道的损伤太大，因此，在法国境内也看不到它的身影。

　　ICE1 每台电力机车的持续牵引功率为 4800 千瓦，两台共计 9600 千瓦。它在高速新线上的最高运营速度为 280 公里 / 小时，在隧道内的速度被限制为 250 公里 / 小时；为了方便乘客，扩大 ICE1 的运行范围，ICE1 还可以在既有线上驰骋，不过在既有线上允许的最高速度只有 200 公里 / 小时。在最高运营速度方面，ICE1 是当时世界高速列车中的亚军，冠军是法国最高时速 300 公里的 TGV-A 列车。

　　ICE1 采用当时最先进的异步电机牵引的交流传动技术，比日本 300 系列车还早实现

一年。为了减小运行空气阻力，车下设备尽量用裙板包起来。

与法国 TGV 和日本新干线列车相比，ICE1 在制动技术方面有其独特的地方：附加制动采用了磁轨制动。ICE1 在以 250 公里 / 小时速度运行时的常用制动距离为 4820 米，紧急制动距离为 2300 米。ICE1 的每辆拖车上装备有 4 个磁轨装置，可提供减速度 0.25 米 / 秒。列车正常制动时，磁轨制动并不发挥作用，一旦列车需要紧急停车，它就会立即投入工作，保证列车在规定的制动距离内停下来。不过，由于磁轨的摩擦系数随速度下降而迅速上升，因此在速度减到 50 公里 / 小时以下时就将磁轨制动切除了。据称，利用磁轨制动可使列车紧急制动距离缩短 25%~30%。

日本早年也曾研究过磁轨制动，不过，考虑到制动时会带来轨道温度上升、轨道磨耗加剧的缺点，因此，新干线列车放弃了这种制动方式。国家不同，设计理念也有很多不一样的地方，这种现象在高速列车的设计中是随处可见的。

ICE1 的乘坐环境舒适是有名的。以 2 机 12 拖编组为例，12 辆拖车中，一等车有 5 辆，二等车 6 辆，餐车 1 辆。一等车内还设有 3 个可容纳 5 人的包间，这样的包间对于想在车上开个小小商务碰头会议或者结伴出行的人们是很相宜的；另一部分就是我们熟悉的开敞式客室了，座椅采用 2+1 方式（每排座椅，走道两旁一边 2 个，一边 1 个）配置。二等车内有 4 个可容纳 6 人的包间，开敞式客室的座椅采用 2+2 方式（每一排座椅，走道两旁各 2 个）配置。在 6 辆二等车中，还有 1 辆带特殊设备的二等车，车上有供残疾

人用的盥洗室，有供德国铁路公司工作人员用的包间。车厢中间还有会议专用包间，旅客可以借用。包间里会议桌、行李架、垃圾箱、打字机、复印机、无线电话等一应俱全。

在高速列车上一边小饮一边欣赏窗外的田园风光是一件十分惬意的事情。在 ICE1 的餐车上就可满足乘客们的这一要求。餐车的一端为酒吧间，另一端为用餐区，中部为厨房和服务柜台。酒吧和用餐区顶部的采光天窗，给人以敞亮的感觉。

2 可分可合的ICE2

"天下大势，合久必分，分久必合"，这句话在德国也得到了应验。1990 年 10 月，东、西德统一了，柏林被定为德国首都。还在统一前的当年 6 月，原东、西德政府就决定修建柏林—汉诺威高速铁路，同时决定研发第二代高速列车 ICE2。

1997 年 6 月，ICE2 型高速列车（简称 ICE2）开始在科隆—汉诺威—柏林线上亮相运行。

看上去，ICE2 在外观上与 ICE1 没有任何差别，车头流线型一样，车体颜色也一样。

↑ 重联运行的ICE2

事实上，ICE2与ICE1不但形似，而且神似。ICE2的技术参数与ICE1完全相同，只是它的身长只有ICE1（2机14拖）的一半长，编组为1机7拖。为了省去在终点站调换车头的麻烦，列车尾部的拖车是控制拖车，即设有驾驶台的拖车。一言以蔽之，把编组2机14拖的ICE1从中间切段，一分为二，基本上就变成两列ICE2列车了。

既然ICE2在技术上没有什么新意，德国为何还是要设计制造ICE2呢？

原来，1991年ICE1投入运行后，很快就成为德国主要城市之间交通运输的主力，开通后前5年就运送了1亿人次左右的乘客。然而，随着ICE1高速运行网络的不断扩大，ICE1开进了一些客流量并不大的线路区间，这样用长大编组的ICE1来运输就不经济了。看着空荡荡的部分车厢，想必世上哪个铁路运输经营者都会有些心焦，急于想出相应的对策！

ICE2正是在此背景下的产物。比ICE1短一半的ICE2既可以单独运行，也可以两个编组连挂运行。如果要说ICE2的技术特点的话，那就是两端流线型车头外壳下面装有自动车钩，通过自动车钩可把两列ICE2连挂起来运行。有了ICE2后，运输组织就显得灵活多变了：在客流量大的繁忙干线上，两列ICE2相挂运行；在客流量少的支线上，让ICE2单列运行就可以了。

不过，ICE2在拖车客室服务设施上还是做了一些调整，如增加客室高度，增大座椅间距等。原先ICE1的餐车比其他拖车稍高，从空气动力学的角度讲，这样的设计是不合理的，ICE2的设计者们对此做了修改，使餐车与其他拖车的高度一样。

⬆ 停在汉堡火车站的ICE2型高速列车

↑ 停靠在法兰克福中央车站的ICE3型高速列车

3　欧洲首款动力分散列车ICE3

法国 TGV 采用动力集中方式，德国的 ICE1 和 ICE2 也采用动力集中方式，动力集中方式素来是法、德两国所擅长的领域。所以，当 2000 年 6 月德国推出第三代高速列车——欧洲最早的动力分散方式 ICE3 型高速列车（简称 ICE3）的时候，人们纷纷用多少有些新奇的目光打量着它，想知道：德国人为什么要在技术路线上做出这样的调整？ ICE3 又是什么样的高速列车？

↑ 德国ICE3型高速列车

ICE3 选用动力分散方式，自然是德国在技术上全面考虑的结果。1995 年，德国开始动工修建全长 177 公里的科隆—法兰克福高速客运专线，这也是德国的第一条高速客运专线，此前修建开通的 3 条高速铁路都属于客货混跑型。这条线路的最高运营速度定为 300 公里 / 小时，由于无需考虑速度较低的货运列车运行，为了节约建设成本，线路最大坡度

⬆ ICE3型高速动车组内部豪华舒适

提高到 40‰。受地形的限制，全线坡道众多，平直区间较少，在这样的技术条件下，通过计算，发现列车单位重量的牵引功率必须提高到 20 千瓦 / 吨左右，而原有的 ICE1 和 ICE2 只有 10 千瓦 / 吨左右，显然 ICE1 和 ICE2 是指望不上了，德国只好考虑重新设计新型高速列车——ICE3。

ICE1 和 ICE2 的最大轴重为 19.5 吨，超过了高速列车最大轴重在 17 吨以下的 UIC（国际铁路联盟）标准规范，因此，ICE1 和 ICE2 不能作为国际高速列车开行到法国，德国显然不希望这样事情也在 ICE3 身上重现。这样，开发 ICE3 面临的课题是：既要提高列车单位重量的牵引功率，还要把轴重控制在 17 吨以下。

日本新干线 300 系问世后，日本学者与专家开始在各种场合以各种方式宣传动力分散方式轴重轻、可充分利用再生制动等优点，这自然也引起了欧洲铁路界的注意。ICE3 能不能尝试采用自己原本并不擅长的动力分散方式

呢？通过认真的调研与试验验证，德国专家最终认为 ICE3 选择动力分散方式更加合适。

ICE3 分为单供电制式（交流 15 千伏 /16.7 赫兹）和多供电制式（交流 15 千伏 /16.7 赫兹，交流 25 千伏 / 50 赫兹，直流 1.5 千伏，直流 3 千伏）两种车型。在德国国内及开行到奥地利、瑞士的 ICE3 为单供电制式。而开行到荷兰和法国的为多供电制式，其中到荷兰的称为 ICE3M，到法国的称为 ICE3MF。

8 辆编组的 ICE3 的车体颜色与 ICE1、ICE2 没有区别，依旧是浑身白色加上环绕车体一周的红色"腰带"。但 ICE3 车头形状与 ICE1、ICE2 不同了，显得更加细长、流线型线条也更见柔和，自然，这是基于空气动力学原理，为减小列车运行阻力优化设计的结果。ICE3 的编组形式为 4 动 4 拖，其中一等车 3 辆，餐车 1 辆，二等车 4 辆。8 辆编组车体长 200 米，也可以两个编组连挂运行。和 ICE1、ICE2 一样，ICE3 同样在乘车环境方面下足了功夫，例如，在二等车上有可供带小

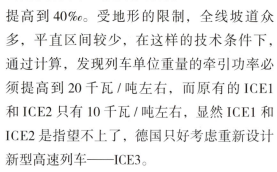

孩出行的家庭用的小包间；司机室的后边设有观光席，乘客透过司机室后边的透明玻璃就可将运行前方的风光尽收眼底了。

ICE3 的最大轴重为 16 吨，采用异步电机牵引，牵引总功率达到 8000 千瓦。在车辆性能上，ICE3 的最高速度可达 330 公里 / 小时，在法国 TGV 东线上运行的 ICE3MF 的最高运营速度达到 320 公里 / 小时。不过，多供电制式的 ICE3M 和 ICE3MF 在直流区间的总功率只能达到 4300 千瓦，列车的最高运营速度也只有 220 公里 / 小时。

由于 ICE3 的最大轴重只有 16 吨，不但可作为国际列车运行，同时对轮轨期待黏着系数的要求也降低多了，具体地讲，ICE3 的期待黏着系数最高仅为 0.11，而 ICE1、ICE2 则为 0.26，这样在牵引和制动时发生空转和滑行的可能性也降低了。在制动方面，德国通过 ICE3 也切实感受到了动力分散方式的魅力：不但减少了机械制动装置的数量，常用制动时，在 50 公里 / 小时以上靠再生制动和线性涡流轨道制动装置实施制动，在 50 公里 / 小时以下才使用机械制动装置，而且机械制动装置的磨耗也大为减少，维护工作量和维护费用也大大降低了。

🔺 ICE3型高速列车运行在科隆大教堂前

第4节　欧洲其他国家的高速列车

1 意大利

　　别看法、德两国先于意大利开通高速铁路，但实际上世界上继日本之后正式开工建设高速铁路的国家是意大利。1966 年，意大利便出台了高速铁路修建计划，1970 年，罗马至佛罗伦萨段高速铁路开工。然而，拥有悠久历史、灿烂文化的意大利人，这段全程不过 254 公里的高速线路竟然耗时近 22 年，直到 1992 年才全线开通，而此时法国和德国早已成为世界高速铁路竞争舞台上的主角。

　　但意大利人还是以他们的创造力，为世界高速列车技术做出了自己独特的贡献，他们推出了享誉世界的 Pendolino 系列高速摆式列车。

（1）为什么要研发摆式列车？

　　意大利半岛山区多、丘陵多，这样的地理条件导致它的既有铁路线路曲线区间也多。曲线多的线路对列车运行，特别是高速运行可不是一件好事情。

　　我们骑自行车通过较急的弯道时，会自然有两个动作，一是减速，二是身体自然向曲线内侧倾斜。我们这样做的目的只有一个，减小通过曲线时的离心力的作用。列车通过曲线时，自然也会受到离心力的作用。

　　离心力和列车过曲线时如影相随，既然我们无法消除曲线的存在，就只好另辟蹊径了，办法就是要找另外一个与离心力方向相反的力来平衡离心力的作用。与离心力方向相反的力上哪儿去寻找呢？

　　我们看电视上的摩托车比赛，在过弯道的地方，运动员的身体总是向弯道的内侧倾斜，有时几乎是贴着地面而过；我们自己骑自行车一遇到拐弯的地方，身体也总是不由自主地向弯道的内侧倾斜。弯道上摩托车或自行车前进的速度越快，拐弯越急，人的身体向内侧倾斜的角度也就越大。这个身体向曲线内侧倾斜的动作，就是为了靠人自身的重量产生一个方向和离心力相反的向心力，以达到平衡离心力作用的目的。同样的道理，如果列车在过曲线时"身体"也能向曲线的内侧倾斜一定的角度的话，也就能顺利地通过曲线区段了。

　　不过，要让列车"身体"内倾可远不像人的身体内倾那样简单。让列车"身体"内倾的方法有两个：

　　一是人为抬高曲线外股钢轨的高度，二是设法让车体向曲线内侧倾斜。

　　抬高曲线外股钢轨，让外股钢轨比内股钢轨高出一定值 h，这个 h 值被称为曲线超高。设置曲线超高的目的就是抬高列车外轮，让列车在曲线上总是十分"自然"地向内倾斜一定角度。那么，在给定列车速度和曲线半径的条件下，这个超高设定为多大才能刚好消除离心力的影响呢？关键是只要设定的超高能使列车重力和离心力的合力刚好指向轨道的中心就行了，这样的超高称为均衡超高。

　　设定超高大小的问题似乎这样就圆满解

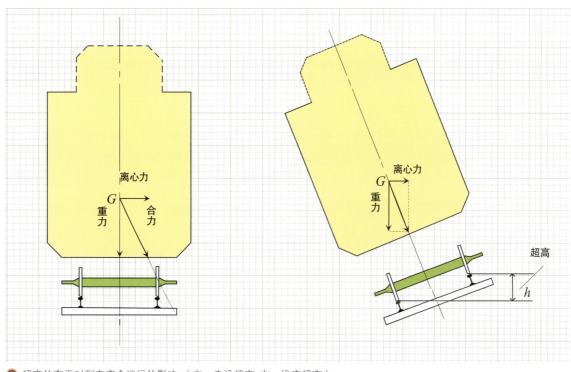

↑ 超高的有无对列车安全运行的影响 （左：未设超高　右：设定超高）

决了，可问题其实还没有这样简单。超高越大车体倾斜也越厉害，而车体倾斜过于厉害，就会导致乘客有明显的不舒适感，也会造成行李架上的行李下滑掉落的危险，这样的列车乘客恐怕都会避之三舍的。更为重要的是，超高设定还必须考虑到这样两个因素：万一列车在曲线上停止时，不会因超高的设置造成列车倾覆；列车通过曲线时，车体受到曲线外侧风力作用也必须保证列车不致倾覆。如果一条线路在这两点上得不到保证，世界上再大胆的铁路经营者也不敢斗胆经营的。正是因为这些原因，实际曲线超高往往并不是均衡超高。

那么，除了通过曲线超高的设置提高曲线通过速度以外，就没有其他办法了吗？

有的。那就是在车辆转向架上设置车体

倾斜装置，让车体向曲线内侧倾斜，这种方式的列车称为摆式列车。

早在上世纪 40 年代，一些国家就开始着手摆式列车的研究。摆式列车车体的倾摆方式主要有两种，如今，意大利、西班牙、瑞典、日本等国都堪称这一技术领域中的高手。特别是在高速铁路领域，意大利的 ETR450/460 型、瑞典的 X2000 型以及西班牙的 TALGO 摆式列车在国际上都享有极高声誉。摆式列车的车体倾摆方式有两种：一种是凭借离心力的作用使车体自然倾摆的方式，称为"被动式"，典型代表是西班牙的 TALGO 列车和日本的 381 系列车；另一种是通过液压系统让车体发生倾摆，称为"主动式"，意大利的 ETR450/460 型、瑞典的 X2000 型便是主动式摆式列车中的佼佼者。

再让我们来看一下意大利摆式列车走过的路程。

上世纪 60 年代，意大利虽然已决定修建自己的高速铁路，如何解决大量的既有线高速运行问题，缩短乘客旅行时间也是迫在眉睫的事情，意大利国铁（FS）和菲亚特（Fiat）公司决定联手研发高速摆式列车技术。

1967 年，意大利开始进行摆式列车技术的理论研究；

1971 年，意大利推出了首列试验列车 Y0160，并命名为"Pendolino"，最高试验速度达到 260 公里 / 小时；

1976 年 3 月，样车 ETR401 下线，同年 5 月开始在商业运营线路上试验运行；

1985 年量产 ETR450 诞生，并于 1988 年投入罗马—米兰速线路上正式运行。为了这一天，意大利在摆式高速列车技术上用去了近 20 年的时间；

……

近年来，意大利高速铁路和高速动车组都有了长足发展。2009 年，都灵—米兰—佛罗伦萨—罗马—那不勒斯—萨勒诺高铁主干线全线通车，总长近 1000 公里。而高速列车方面也形成了最高时速 250 公里、动力分散式 Pendolino 系列摆式列车和最高时速 300 公里、动力集中式传统高速列车两大体系，分别适应不同线路的运输要求，并统称 ETR 动车组。其中由意大利菲亚特公司研制开发 Pendolino 摆式列车技术，由于其成熟的技术与高度的适应性，被瑞士、西班牙、芬兰、捷克等多个国家购买使用，可谓日本新干线、法国 TGV 和德国 ICE 之后的另一大高速列车家族。

（2）第一代高速摆式列车：ETR450

ETR450 是意大利第一款批量生产的 Pendolino 摆式列车。圆脸，红色腰身，复古造型，三者结合在一起让这款列车一面世就受到人们的追捧，也成为了意大利高速铁路最鲜活的广告。它的出现，不仅开启了 Pendolino 系列摆式列车发展的序幕，甚至成为高速列车发展史上里程碑式的一款列车。

ETR450 采用了多项当时世界上的先进技术。列车采用 8 动 1 拖的动力分散方式，最高运行时速可达 250 公里，最大功率 5008 千瓦，供电电压为直流 3000 伏。为了减轻轴重，ETR450 采用铝合金车体，列车编组重量为 403 吨。为了提高小半径曲线上的运行速度，ETR450 采用了液压缸控制的倾摆设备，最大摆角可达 10 度，是历史上摆角最大的高速列车。全车每台动力车的转向架均配备一台直流牵引电机，采用晶闸管、斩波器控制方式。为了适应摆动式转向架驱动需要，同时降低转向架重量，ETR450 的牵引电动机安装在了车体下方，通过万向轴驱动轮对。这种悬挂方式后来也成为了 Pendolino 系列动车组的重要特征。

作为意大利第一款摆式动车组，ETR450 也存在部分不足。特别是为了降低重心并满足安全限界，ETR450 的车身宽度只有 2.75 米，车内空间较为局促。加之意大利后续高速铁路普遍采用国际通用的工频 25 千伏交流供电，因此，ETR450 逐渐退出高速新线的运营，转入既有铁路上继续发挥余热。

（3）ETR450 的改进版摆式列车：ETR 460 /470/480

无论从技术的角度还是商业运营的角度，ETR450 都取得了成功。

↑ 意大利第一代Pendolino摆式动车组ETR450

　　然而，随着时代的进步，ETR450 身上的缺点也日益凸显出来：20 世界 90 年代，逆变器控制的交流电机牵引技术已经成熟，可 ETR450 仍然用着传统的直流电机牵引技术；ETR450 的最大摆角 10 度，制约了列车宽度的取值，只有 2.75 米宽，局促的车内空间，导致一、二等车厢内的座椅布置都只能采用横排 2+1 的排列方式；车体的外形设计也显得有些陈旧了……

　　为了顺应时代的发展，给乘客提供更好的乘坐空间，1995 年，ETR450 的改进版 ETR460 开始投入运营。

　　针对 ETR450 的不足，ETR460 将最大摆动角度从 10 度减少为 8 度，既避免了过度倾摆造成的乘客身体不适，同时车体宽度得以增加到 2.8 米，乘坐空间得以增加，二等车厢也可采用 2+2 的横排座位方式。列车改用小体积、大功率的交流电机牵引，每台电机的功率增加到 490 千瓦，总牵引功率提高到 5880 千瓦的同时，列车编组由原来的 8 动 1 拖调整为 6 动 3 拖，减少了动车数量，提高了使用经济性。列车头型也一改 ETR450 子弹头式的复古形象，采用著名设计师乔治亚罗（Giugiaro）设计的跑车式流线头型，改用单片挡风玻璃，同时适应左行和右行信号，为 Pendolino 走出国门创造了条件。

　　ETR460 成为 Pendolino 系列的第二代摆式列车。

1996 年，意大利国铁 FS 和瑞士国铁 SBB 合作，以 ETR460 为蓝本，开发出适用于跨国运输的 ETR470，Pendolino 第一次走出意大利的国门。ETR470 最大特点便是除适用于意大利 3000V 直流供电网外，还可运行在瑞士和德国 15 千伏 / 16.7 赫兹的电气化铁路上，同时还可适应在瑞士、德国的信号制式。列车以意大利米兰为中心，连接瑞士苏黎世、日内瓦和巴塞尔。由于 ETR470 行驶的线路翻越阿尔卑斯山，曲线多，坡度大，因此，ETR470 的最大速度也降低到了 200 公里 / 小时。

意大利的高速铁路新线早年采用和既有线相同的直流 3000 伏供电制式，但日本、法国的 25 千伏 / 50 赫兹交流供电制式的优越性是显而易见的。因此，意大利除最早的罗马

↑ 意大利第二代Pendolino摆式动车组ETR460

至佛罗伦萨高铁线采用直流 3000 伏供电外，其他高速新线都按照 25 千伏 / 50 赫兹交流供电设计施工，罗马至佛罗伦萨段后来也进行了交流供电改造。为了让 ETR 摆式列车驶上

↑ 执行意大利和瑞士间国际列车运输任务的ETR470列车行驶在阿尔卑斯山区

❶ 新一代Pendolino摆式动车组ETR600

高速线，1998 年起，意大利国铁又在 ETR460 基础上增加了 25 千伏 / 50 赫兹的受流系统，称之为 ETR480。早期的 ETR460 也相继改造，增加了交流受流设备，改造后的车型成为 ETR485。现在，ETR460/480/485 依然活跃在意大利高速铁路和与之衔接的既有快速路网上，发挥着巨大作用。

（4）第三代摆式列车：ETR600/610

意大利的摆式列车技术还在继续进步，2008 年，第三代 Pendolino 摆式列车 ETR600 问世。

ETR600 列车继承了 Pendolino 系列动车组的一贯特点，最大倾摆角度依然为 8 度，并采用架悬式牵引传动系统。列车继承了

ETR480 适用直流 3000 伏和交流 25 千伏 / 50 赫兹双供电制式，可以畅行意大利的高速铁路和既有铁路网，最高速度为 250 公里 / 小时。然而，此时，Pendolino 的生产商和相关技术已被法国阿尔斯通公司收购，并融合了更多先进技术。例如，ETR600 采用了新式防撞击的两段式头型，流线感更加强烈。列车采用 4 动 3 拖 7 辆编组，最大功率 5500 千瓦。列车内部采用现代化设计，每辆车厢的定员也有所增加。目前，ETR600 主要活跃在首都罗马与旅游胜地威尼斯之间，并被冠以"白箭"的美名。

在 ETR600 基础上，还开发出一款比肩 ETR470 的 ETR610 高速列车，承担起瑞士和

在ETR600基础上研制的承担意瑞国际运输任务的ETR610

意大利间新的国际运输重任。ETR610各项技术指标均和ETR600相同，主要区别在于供电电压和信号系统的不同。ETR610能同时适应直流3000伏、交流25千伏/50赫兹与交流15千伏/16.7赫兹三种供电制式外，同时，还可适应瑞士和德国的信号系统。目前，瑞士日内瓦、巴塞尔与意大利米兰间的国际列车已经由ETR610承担，ETR470则全部调往米兰与苏黎世间运行，瑞士和意大利之间的国际列车开行密度与服务水平得以大幅提高。

（5）动力集中式高速列车：ETR500

1989年，法国TGV的最高运营速度达到300公里/小时。也许是受到法国的影响，20世纪90年代，意大利将罗马至佛罗伦萨段高速铁路升级到了时速300公里，后续建设的

高速铁路网也基本按照300公里的时速设计和建设。

但遗憾的是，一直让意大利人引以自豪的Pendolino摆式列车最高时速只有250公里，而且高速新线的曲线半径大，例如罗马至佛罗伦萨段的最小曲线半径达5400米，这样的线路显然不需要摆式列车。

高速新线显然需要研发新的时速300公里的专用高速列车。

经过几年技术上的不懈努力，1995年ETR500列车正式投入使用。不同于Pendolino摆式列车，ETR500采用动力集中推挽运行的模式，由首尾两台机车和12辆客车（早期为11辆，现有8辆客车的编组）组成，总功率8800千瓦，最高运行速度300公里/

意大利 ETR 系列高速列车主要技术参数

	ETR450	ETR460	ETR470	ETR480	ETR500	ETR600/610
开始运营年份	1988	1994	1996	1998	1995	2008
最高运营速度（公里/小时）	200	250	200	250	300	250
列车长度（米）	234	237	237	237	328	187
编组形式	8M1T	6M3T	6M3T	6M3T	2L12T	4M3T
动力配置方式	动力分散	动力分散	动力分散	动力分散	动力集中	动力分散
定员（人）	390	480	498	480	714	432
最大功率（千瓦）	5008	5880	5880	5880	8800	5500
车体宽度	2.75	2.8	2.8	2.8	3.0	2.8
倾摆装置与角度	主动式液压控制 10度	主动式液压控制 8度	主动式液压控制 8度	主动式液压控制 8度	非摆式列车	主动式液压控制 8度
供电电压/频率	直流3000伏	直流3000伏	直流3000伏 交流15千伏/16.7赫兹	直流3000伏 交流25千伏/50赫兹	直流3000伏 交流25千伏/50赫兹	直流3000伏 交流25千伏/50赫兹（交流15千伏/16.7赫兹）

小时，同时取消了摆式功能。ETR500 为交直流两用高速列车，可适应直流 3 千伏、直流 1.5 千伏和交流 25 千伏 /50 赫兹的电气化铁路，不仅可以运行在高速新线和既有铁路网上，还能开行到法国南部等周边国家。现在，运行在都灵—米兰—罗马—那不勒斯高铁主干线上列车主要由 ETR500 执行，实现时速 300 公里的高速运行。

⬆ 采用动力集中，最高时速可达300公里的ERT500

以最高时速300公里运行在意大利米兰—佛罗伦萨
高铁波河大桥上的ETR500高速列车

② 西班牙

如果你有机会去西班牙乘坐从马德里到塞维利亚的高速列车，在车头流线型部分，你会看到一只飞翔的小鸟的翅膀，头车的侧面，也会看到小鸟的翅膀，下方写有蓝色的"AVE"三个字。AVE，西班牙语的意思就是"鸟"。高速列车和鸟有什么关系呢？原来，AVE 是西班牙语"Alta Velocidad Espanola"的缩写，意思是"西班牙高速"。

说到高速铁路，谈到中国，人们会马上想到 CRH；谈到日本，会想到 Shinkansen；谈到法国，会想到 TGV；谈到德国，会想到 ICE；谈到意大利，又会想到 Pendolino；谈到西班牙呢，人们自然会想到 AVE。

西班牙高速铁路之路，与日、法、德迥异，与中国颇为相似——走的是一条引进消化吸收并结合自主创新的路。这里，我们介绍西班牙的三种典型高速列车。

以TGV为基础生产的西班牙第一款高速列车AVE S100

（1）伊比利亚半岛上的 TGV-A：AVE S100

据说，西班牙在修建本国铁路之初，因担心周边国家的侵略，想到的一个点子是：采用 1668 毫米的宽轨距，让周边采用 1435 毫米标准轨距的国家的列车无法直接进入西班牙。这个想法对防止周边国家对西班牙的

行驶在西班牙第一条高速铁路：马德里—塞维利高速铁路上的AVE S100高速列车

侵略是否起到了积极作用，笔者没有去考证过。但到了全球一体化的今天，因轨距不同而导致无法与周边国家开行直通国际列车却是一个很大的问题。

1992 年，夏季奥运会在巴塞罗那召开，为期半年的世界博览会也将在塞维利亚举行，借此良机，4 月 21 日，从首都马德里到塞维利亚全长 471 公里的高速铁路建成通车，为了与周边国家的互联互通，方便人们的出行，西班牙将高速铁路的轨距定为了 1435 毫米的标准轨距。

为了修建这条高速铁路，西班牙大胆引进了法国和德国的技术，具体是：引进法国的高速列车和德国的信号系统 LZB 及交流供电系统。

通过技术转让，西班牙引进了法国阿尔斯通公司 TGV-A 相关技术，以 TGV-A 为原型，开发出了 S100 型 AVE 高速列车。S100 为 2 机 8 拖的编组形式，最大轴重 17 吨，采用铰接式转向架，同步电机牵引，最高运行时速 300 公里，牵引总功率 8800 千瓦，这一切几乎就是 TGV-A 的翻版。与 TGV—A 的不同之处也是有的，首先是头型变得更加圆滑，车体表面及车厢内部色彩也变得简单靓丽。由于马德里至塞维利亚有 17 处隧道，为了防止过隧道时因气压变化引起的耳朵的不舒适感，S100 在车门上加装了密封装置，同时过隧道时还自动关闭空调的吸风口。

（2）最高时速 350 公里的 AVE S102

从马德里到塞维利亚的高速铁路开通后，S100 将自己高速、正点运行的特性发挥得淋漓尽致，这条高速铁路大受人们的欢迎，线路的客流量以年平均 10% 的速度增长。这样

↑ 西班牙基于 Talgo 技术自主研制的 AVE S102 型高速动车组，又称 Talgo350

的结果，无疑大大提升了西班牙高铁界的自信，于是他们决定将第一条高速铁路从马德里向东北方向延伸到西班牙的第二大城市的巴塞罗那。这条新线的最大的特点是：列车最高运行速度可达 350 公里 / 小时。

为这条新线量身定做的是 AVE S102 高速列车。于 2005 年下线的 S102 是由西班牙 Talgo 集团公司与庞巴迪公司联合研制的，列车采用动力集中方式，2 动 12 拖，前后各有一台 4000 千瓦的机车推挽运行，总功率可达 8000 千瓦。S102 的显著特点有三个：一是最高速度可达 350 公里 / 小时；二是中间车辆延续了 Talgo 系列短车厢、无车轴、低重心的独特设计，其客车车厢长度只有 13.14 米；三是充分考虑了空气动力学特性的鸭嘴兽头型。

S102 可谓最具西班牙特色的一款高速列车，由于其最高速度可达到 350 公里 / 小时，因此常被成为 Talgo350 型高速列车。目前，这款列车在巴塞罗那—马德里—塞维利亚（马拉加）全线都有运行，是西班牙高速线路运用范围最广的一款高速列车。

⬆ 基于Talgo技术开发了的可变轨距最高时速250公里的S130型（俗称Talgo250）的高速动车组

在 AVE S102 的基础上，西班牙还开发了轨距可变的、最高时速 250 公里的 S130 型高速列车（俗称 Talgo250），可方便地实现标准轨高速线和既有宽轨线路上直通运行。

（3）ICE3 的升级版：AVE S103

与 S102 差不多同时登台的还有 AVE S103 高速列车。

为了连接西班牙最大两座城市——马德里和巴塞罗那这条高速铁路，西班牙选定了前述的 S102 和 S103 两种车型作为高速新线 350 公里 / 小时的旅客运输。

德国的 ICE3 作为欧洲首款动力分散式高速列车，轴重轻、对轨道破坏性小、定员多、黏着利用好、可充分利用再生制动等优点得到高速铁路界人士的广泛好评。

S103 型高速列车就是在 ICE3 的基础上开发的，在开发阶段被称之为 Velaro—E（E 代表西班牙）。S103 与 ICE3 的主要不同之处在于：为了将最高速度从 300 公里 / 小时提升至 350 公里 / 小时，4 动 4 拖编组中的 16 根动轴上分别安装由 550 千瓦的异步电机驱动，总牵引功率在原来的基础上提高 10%，达 8800 千瓦；为了适应沿线气候，空调设备能力提高了 25%；供电电压从 ICE3 的交流 15 千伏 /16.7 赫兹变更为 25 千伏 /50 赫兹；信号系统除可适应 ETCS2 的设备外，还可适应 LZB 系统以及西班牙的 ASFA 系统，同时还采用了 GSM—R 通信系统；不再采用 ICE3 的盘式涡流制动系统等。

目前，由于受线路等诸多因素限制，S103 的最高运行速度不超过 330 公里 / 小时。2006 年 8 月，S103 曾创造过 403.7 公里 / 小时的西班牙最高速度纪录。

AVE 系列高速列车技术指标

	AVE S100	AVE S102	AVE S103
开始运营年份	1992	2005	2007
最高运营速度（公里／小时）	270	350	350
列车长度（米）	200	200	200
编组形式	2L8T	2L12T	4M1T
动力配置方式	动力集中	动力集中	动力分散
定员（人）	329	318	404
最大功率（千瓦）	8800	8000	8800
车体宽度（米）	2.9	2.94	2.95
使用电压（千伏／赫兹）	AC25千伏/50赫兹	AC25千伏/50赫兹	AC25千伏/50赫兹

↑ 基于ICE3研制的西班牙AVE 103型动力分散高速动车组

3 瑞典

北欧最早的高速列车：X2000 摆式列车

1990 年 9 月，瑞典铁路也开始了时速 200
公里的商业运行，不过，地广人稀的瑞典没有
像法国、德国和意大利那样修建高速铁路——
没有足够的客流来支持高速铁路的运营，而是
采用既有线提速的方法来缩短乘客的旅行时间。

用于提速的列车便是后来大名鼎鼎的
X2000 型摆式列车。

X2000 摆式列车由瑞典阿德兰兹公司
（Adtranz，现属庞巴迪公司）研制。X2000 为
7 辆编组（也有少数 5 辆编组的"LINX"列
车）的动力集中方式，列车前端是电力机车，
尾端是带司机室的客车车辆。X2000 属于主
动式摆式列车，最大倾斜角为 6.5 度，最大倾
斜角速度为每秒 4 度。应该提及的是，X2000
只有客车部份才具有倾摆功能，机车部分不
具备倾摆功能，以方便受电弓受流。为了降
低高速情况下对轨道的冲击，X2000 还采用
了径向转向架技术，大大减低了轮对对轨道
产生的横向作用力。

从 1990 年 9 月 X2000 正式开始在瑞典斯
德哥尔摩—哥德堡之间运行后，客流量快速上
升，X2000 的足迹也开始逐步延伸，扩展至马
尔默等城市。2002 年 5 月，厄勒海峡大桥通车
后，部分班次更从马尔默延伸至瑞典国外，到
达丹麦首都哥本哈根。由于 X2000 列车原来只
适用在瑞典 15 千伏 /16.7 赫兹的电气化铁路上，
为了适应丹麦铁路 25 千伏 /50 赫兹的供电制式，
X2000 由专门加装了适应不同电压制式的受流
设备。X2000 的投入运营，不仅挽救了上世纪
90 年代初日渐低迷的瑞典铁路客运市场，也一
举成为瑞典铁路的象征。

瑞典X2000型摆式动车组

第**4**章

奔向高速之路

BENXIANG GAOSU ZHILU

2012年5月，全球语言监测机构（Global Language Monitor,GLM）公布了21世纪的十大新闻，排列首位的是"中国崛起"。

我不知道世界上是否也有类似GLM这样的机构来发布21世纪世界铁路的十大新闻，如果有，"中国成为高速铁路大国"的新闻应该也会赫然列在榜首。

提到中国高速铁路的发展，2010年1月27日美国总统奥巴马在"国情咨文"中关于中国高速铁路的几句话——"美国修建了历史上第一个铁路网和高速公路网，但没有理由听任欧洲和中国能造出最快的火车……"——曾被很多文章反复引用。美国是当今世界唯一的超级大国，但在高速铁路领域还只是一个"发展中国家"，因此，奥巴马总统蜻蜓点水般的这两句关于中国高铁的点评，能否成为中国已是高铁大国的佐证也许多少还有些值得商榷。然而，即使世人用最挑剔的目光，无论从横向还是纵向的角度来看今天的中国高速铁路，其发展速度之快、规模之大、影响之广，在世界上都是史无先例的。就凭中国高速铁路运营里程已超过日、法、德三国的总和，以及京津、武广、郑西、沪杭等曾以世界最高运营速度350km/h运行这两点，中国已成为世界高速铁路第一大国，也已成为世界高速铁路舞台上新的有力竞争者，当是不容否定的事实。

且让我们来看中国高速铁路是如何一路走来的……

第 **1** 节 前期探索

1 京沪高速铁路的构想

邓小平于 1978 年 10 月访问日本时乘坐新干线列车的电视画面想必很多人都看过，他对记者这样谈当时的感受："像风一样快"，"推着我们跑"，"我们现在很需要跑"。这些话应该令当时的中国铁路界五味杂陈、百感交集，或许，从那时起，高速铁路梦便植根于中国人心间。

20 世纪七、八十年代，中国尚处经济实力较弱的计划经济时代，尽管当时远不如网络时代的今天的资讯发达，但日本和欧洲高铁成功的信息，依旧会不断传到中国并触动中国铁路界的神经。

到了 20 世纪 90 年代，中国迈出了在高铁路理论和实践探索的步伐。

中国的哪两个城市最需要高铁把它们连接？想必大多数人浮现在脑海里的首选是：北京，上海。就像东海道新干线将日本首都东京和最大的商业城市大阪连接起来一样，京沪高铁也将扮演同样的角色。

事实也正是如此，国家首先想到要修建的第一条高速铁路正是京沪高铁。

1990 年 12 月，原铁道部完成了《北京至上海旅客列车专用高速铁路方案研究初步设想》。京沪高速铁路作为国家今后的交通大动脉，牵动的自然不会只限于铁道部一个部委，当时的国家科委、国家计委、国家经贸委、国家体改委等也参与了进来。1994 年，由这些部委组成的课题组在深入研究的基础上，完成了《京沪高速铁路重大技术经济问题前期研究报告》；同年 12 月，国务院批准了开展京沪高速铁路预可行性研究，同月，原铁道部也成立了京沪高速铁路预可行性研究办公室。

两年后，即 1997 年 4 月，《京沪高速铁路预可行性研究报告（送审稿）》完成。

看上去，京沪高铁的进展似乎十分顺利。

然而，在此过程中，部分磁悬浮专家提出：与传统的轮轨式相比，更加高速的磁悬浮方式将更适合京沪高铁。到底是轮轨方式好，还是磁悬浮方式好，中国陷入了长时间的技术之争中……

到了 2003 年，经过对轮轨式和磁悬浮式进行认真比选之后，结论才变得清晰起来——轮轨方式是京沪高速铁路更好的选择。2006 年 2 月 22 日，国务院批准京沪高速铁路立项……

又经历了一系列的论证和必要的审批程序后，我们知道，京沪高速铁路真正开工建设的日期是 2008 年 4 月 18 日。

在作者看来，一个国家如想独立或以我为主修建自己的高速铁路，至少要具备三个条件：一是足够的技术储备和实力；二是足够的经济实力；三是要有足够的客流来支持运营。

20 世纪 90 年代，中国已进入经济高速增长期，而且铁路客运运能已明显不足。因此，可以说，上述三个条件中，后两个条件中国都已具备。当时，第一个条件显然是对中国修建京沪高铁的最大制约。

高速铁路是一个涉及到多学科的尖端技术的复杂大系统，没有足够的理论和试验储备，是很难修建一条成功的高速铁路的。中国选择了两个手段来全面提升铁路高速化运行的技术实力：一是既有线提速；二是通过自主修建高速客运专线、自主研发高速列车。

2 五次大面积提速

1997 年 4 月 1 日，零点。

中国铁路第一次大面积提速开始了。

这次提速受惠的是京沪、京广、京哈三大干线。由于三大干线无论客流量还是货流量之大，都远非其他线路可比，因此，首先

↑ 新一代 CRH380AL 高速列车驶出北京南站

针对三大干线提速可获得更大的社会效益和经济效益。

这次提速以三大干线上的北京、上海、武汉等大城市为中心，开行了40对最高时速140公里、旅行速度达90公里/小时以上的快速列车。78列"夕发朝至"列车的开行，极大地方便了旅客的出行，广受旅客的青睐。有意无意之间，"夕发朝至"也很快成了中国铁路运输一个响亮的广告词。与此同时，三大干线上其他旅客列车的速度也有不同程度的提高。第一次大提速后，全国铁路旅客列车的旅行速度由原来的48.1公里/小时提高到了54.9公里/小时。

第一次大提速之后，人们对中国铁路速度慢、服务质量不高的印象开始发生变化。

相隔一年半，1998年10月1日，中国铁路又迎来了第二次大面积提速。

第二次大提速仍以京沪、京广、京哈三大干线为重点，在第一次提速的基础上进一步提高列车速度。三大干线旅客列车的最高运营速度达到了160公里/小时。除三大干线外，浙赣（杭州—株洲）、南昆（南宁—昆明）、兰新（兰州—乌鲁木齐）线部分区段的列车运行速度也有一定幅度的提高。第二次大提速后，开行的提速列车的数量也明显增加了，"夕发朝至"旅客列车增加到116列；开行了北京—天津、北京西—石家庄等大城市间的城际客车；此外，民工专列、旅游热线直达列车等种类的列车推出，也受到社会各界的好评。中国铁路运输形式显得灵活多样起来了！

第二次大提速使全国铁路旅客列车的旅行速度达到55.16公里/小时。同时，时速140公里的线路里程由以前239公里增加到

⬆ 韶山₈型电力机车牵引提速列车

1454公里，时速160公里的线路里程由268公里增加到445公里。

第一、二次大提速的成功并没有使中国铁路提速的步伐减缓，对于地域宽广的中国来说，除三大干线外，需要提速的线路还很多；要适应中国社会和经济的飞速发展，中国需要更大规模的提速网络。于是，原铁道部在前两次大提速成功的基础上，从2000年至2004年的4年中，又接连实施了第三、四、五次大提速。

经过五次大提速以后，长久以来，中国铁路留给人们的速度慢、服务质量差的印象已相对有所改变，中国的铁路之旅也不再总是漫漫长途了。全国铁路列车以120公里以上时速运行的线路里程达到16500公里；以北京、上海、广州为中心，连接全国主要大城市的铁路旅客列车运行时间明显缩短，以三城市为圆心，半径在2000~2500公里的城市间旅客列车实现"一日到达"，半径在1200~1500公里的城市间实现"夕发朝至"，半径在500公里左右的城市间实现"朝发夕归"。

前五次大提速，中国铁路收获了成功，干线铁路的列车最高运行速度已达 160 公里/小时了。

伴随每一次提速的成功，中国铁路在高速化方面的技术实力也得到同步提升！

因为，铁路提速绝非一件简单的事情，而是一件复杂的系统工程。例如：列车速度要提高，那就需要开发更大牵引功率的新型机车，而牵引功率增大又会对相关装置的容量、安装、部件可靠性等提出更高的要求。因此，光是研发新型机车就可以说是一项浩大的工程。列车速度提高了，还得有合适的线路才行，这点与公路交通相似——对高速公路的施工要求显然要比普通公路高得多。因此，这就需要对原有线路的路基、桥梁、

↑ 第五次大提速中东风 11G 型内燃机车牵引提速客车

道岔等进行改造。此外涉及的还有信号、供电等等多个子系统技术，各子系统之间又涉及到彼此之间的接口技术……

总之，要实现提速，各子系统、各相关技术都必须得"更上一层楼"才行！

中国铁路前五次大提速概要

	实施年月日	主要提速线路	提速主要内容
第一次	1997.4.1	京沪、京广、京哈三大干线	开行40对最高运行速度140公里/小时、旅行速度90公里/小时以上的旅客列车；"夕发朝至"旅客列车78列；货物列车最高运行速度80公里/小时；全路旅客列车的旅行速度由原来的48.1公里/小时提高到了54.9公里/小时
第二次	1998.10.1	以京沪、京广、京哈三大干线为重点	干线旅客列车最高运行速度达160公里/小时；三大干线大部分区段的特快旅客列车运行速度超过120公里/小时；"夕发朝至"旅客列车增至116列；广深铁路上X2000型摆式列车"新时速号"，在国内旅客列车中首次实现运行时速200公里
第三次	2000.10.21	陇海线、兰新线、京九线、浙赣线等	提速重点是中西部地区；全路旅客列车旅行速度达到60.3公里/小时；"夕发朝至"旅客列车266列；北京西—乌鲁木齐、上海—乌鲁木齐的旅行时间由原来的61小时、65小时缩短为48小时、51小时；全国铁路提速线路延展里程近1万公里
第四次	2001.10.21	京广线武昌至广州段、哈大线、浙赣线、汉丹线等	提速里程4257公里，使全国提速总里程达到13000公里，提速网络基本覆盖全国主要地区
第五次	2004.4.18	京沪、京广、京哈等主要干线	京沪、京广、京哈等干线部分地段线路基础达到时速200公里的要求；直达特快列车在京广、京沪等繁忙干线以160公里/小时速度长距离运行；全路旅客列车旅行速度达到65.7公里/小时；提速网络总里程约16500公里，其中时速160公里及以上提速线路约7700公里；铁路技术装备全面升级

3 秦沈客运专线的修建及高速列车的自主研发

既有线的高速化和真正的高速铁路在技术上毕竟还是有相当距离。因此，中国还需要修建一条客运专线来全方位试验高速铁路技术。1998年8月16日，中国投资约150亿元人民币开始修建秦皇岛至沈阳的秦沈客运专线，并于2003年10月12日正式开通运营。

秦沈客运专线全长404公里，列车最高运营时速可达200公里以上，其中山海关至绥中北区间的线路可以开展300公里/小时以上的运行试验。不消说，秦沈客运专线在当时是国内技术水平最高的一条铁路：自主研发的"先锋"号、"中华之星"号高速列车；车载信号方式；全新的接触网；牵引变电所监控及综合自动化等等，都可以说一开中国铁路高速化运行的先河。

在前期探索过程中，我们还应该注意到中国在高速列车研发方面的积极探索。从2000年至2004年，中国先后推出了自主开发的动力集中方式高速列车"蓝箭"号、"中华之星"号以及动力分散方式的"先锋"号和"长白山"号。其中，"中华之星"号还于2002年在秦沈客运专线上创造了321.5公里/小时的当时国内最高试验纪录。

中国在高速铁路技术方面的前期探索，为后来的高速铁路大发展奠定了良好的基础。

⬆ 在秦沈线上试运行的"中华之星"

第2节 走进高速化运行时代

中国铁路全面迎来时速 200 公里以上的高速运行，是从 2007 年开始的。

大提速决战决胜

2007 年，是中国铁路倍受国人关心的一年，也是令世界关注的一年。"第六次大提速"、"动车组"，这样的字眼频繁地在国内外各种媒体上露面，显示着中国铁路倍受关注的程度。的确，"动车组"与"第六次大提速"应该是最能反映 2007 年中国铁路取得飞速发展状况的词语了。

2007 年 4 月 18 日，中国铁路按照预定计划，实施了第六次大面积提速和新的列车

↑ CRH5A 型动车组驶离北京

运行图。这次大提速的最大亮点是：既有线上速度 200 公里 / 小时动车组的开行！提速到 200 公里 / 小时等级，标志着中国铁路在既有

↑ 第六次大提速后驶入北京站的 CRH2A 型动车组

第六次大提速的旅行时间缩短效果

线路	区间	距离（公里）	提速之前所用时间	提速之后所用时间	缩短时间
京哈线	北京—长春	1126	8小时20分钟	6小时7分钟	2小时13分钟
	北京—哈尔滨	1372	10小时30分钟	7小时50分钟	2小时40分钟
京沪线	北京—天津	137	1小时14分钟	1小时6分钟	8分钟
	北京—上海	1463	11小时58分钟	9小时59分钟	1小时59分钟
京广线	北京—武汉	1205	10小时10分钟	8小时22分钟	1小时48分钟

线提速方面有了质的飞跃，达到了国际水平。

第六次大提速后，全路旅客列车速度普遍有较大提高，主要城市间旅行时间总体压缩了 20%~30%。提速后，上海到南昌的列车运行 5 小时 8 分钟，压缩了 5 小时 45 分钟，上海到长沙的列车只运行 7 小时 30 分钟，压缩了 7 小时 30 分钟，压缩幅度都在一半以上。

第六次大提速后，时速 120 公里及以上线路延展里程达到 2.2 万公里，其中时速 160 公里及以上的线路延展里程达到 1.4 万公里，新增时速 200 公里及以上线路延展里程达到 6003 公里，其中时速 250 公里线路延展里程达 846 公里。一次性地这样大规模的既有线铁路提速，的确世所罕见！

第六次大提速后，中国铁路客货列车开行数量分别达到 1312.5 对和 16656 对，分别增加 140.5 对和 1316 对。客货运输能力大幅提升，有效缓解了铁路运输的紧张状况，为经济社会又好又快发展提供了更加有力的运力支持。

在客货混运的繁忙干线上开行时速 200 公里动车组是第六次提速最大的亮点

第 **3** 节　世界首条时速350公里高速铁路的开通

时光进入了 21 世纪。

经历了铁路六次大面积提速，也经历了秦沈客运专线以及"中华之星"等高速列车的高速试验，加上日益雄厚的经济实力，全球一体化背景下的各国日益频繁的商业和技术合作，国内不断增长的客流需求，这些因素加在一起，中国真正意义上的高速铁路的诞生已是呼之欲出！

2008 年 4 月，最高时速 250 公里的合宁(合肥—南京) 客运专线开通。

这一年，引起国内外广泛关注的是世界速度最快的京津城际高速铁路的开通。

2005 年 7 月 4 日，时速 350 公里的京津城际高速铁路正式开工建设，计划于 2008 年 8 月 1 日正式开通运营。京津城际高速铁路是一条客运专线，全长约 119.4 公里，从北京南站出发，经亦庄、武清，到达终点天津站，在亦庄站与武清站之间，预留了永乐站。这是中国时速 350 公里高速铁路的"处女作"，开工之初，曾有人发出疑问，能否在如此之短的时间内完成？答案是：建设非常顺利！

——2007 年 8 月，路基与桥梁工程完成；

——2007 年 12 月，全线铺轨接通；

——2008 年 2 月,动车组开始上线试运行；

——2008 年 4 月，通信、信号、牵引供电、电力等四电系统集成试验完成；

——2008 年 6 月 24 日上午，和谐号动车组 CRH3C 型的运行试验速度达到 394.3 公里 / 小时，创下了中国列车试验速度纪录！

——2008 年 7 月，动车组按照列车运行图试运行。

中国铁道界经过 3 年时间的艰苦努力，2008 年 8 月 1 日，京津城际高速铁路正式开通运营！

🔻 京津城际铁路上 CRH3C 型动车组驶出北京南站

🔼 2008 年 8 月 1 日京津城际铁路通车典礼时的北京南站

这是怎样的一条高速铁路？

列车最高时速 350 公里！

列车最小追踪间隔 3 分钟！

全程运行时间 30 分钟！

这是 8 月 1 日新闻媒体对京津城际高速铁路高速、高效运行言简意赅的生动报道。

京津城际铁路技术概况

项　　目	说　　明
线　　路	全长119.4公里, 正线线间距5.0米, 正线最小曲线半径一般为5500米(个别曲线为4500米), 最大坡度6‰
轨　　道	正线铺设CRTS-II型板式无砟轨道, 共113.6公里。北京南站、中间站侧线和天津站(城际场)为有砟轨道。全线铺设60公斤/米的高速无缝钢轨
牵引供电系统	全线设两座牵引变电所, AT供电方式
	接触网电压: 交流25千伏 / 50赫兹
	接触网采用全补偿简单链形悬挂, 正线采用铜镁合金120平方毫米接触线, 接触线张力为27千牛, 接触线高度5.3米
动 车 组	动力分散式的CRH2C和CRH3C型高速动车组
通信信号系统	专用移动通信系统采用GSM-R数字移动通信制式
	采用CTCS-3D信号系统, 能允许配备CTCS-2级列控系统的250公里/小时动车组上线运行。信号系统具备升级为CTCS-3级系统条件

京津城际高速铁路给我们的感觉是全新的："和谐号"CRH3C和CRH2C两种动车组最高时速都可达到350公里，流线型车头降低了运行空气阻力和噪声；全线采用高架线路，全封闭式的设计避免了与地面人流、车流的相互干扰，增加了安全性；全线采用无砟轨道，我们见惯了的线路上的碎石——道砟——看不见了，钢轨下的博格板连接槽的误差控制在0.2毫米以内，透过司机玻璃窗看出去，动车组好似在一马平川上飞驰；乘坐舒适度极好，在运行过程中，把香烟立在座椅小桌板上也不会倒下；洁净雅致的车厢内，

↑ 京津城际铁路

有多媒体影视系统、吧台、婴儿护理床、残疾人卫生间等人性化设施，座椅可旋转调整方向等等。

总之，京津城际高速铁路完全颠覆了我们印象中的铁路的形象。放眼世界，与日、法、德等高速铁路相比，京津城际高速铁路又如何？

🔼 京津城际铁路高速列车运行在天津南仓附近

在技术上，京津城际高速铁路无论线路、供电、信号还是车辆，采用了当时世界上的最新技术；乘坐舒适度上，与任何一国的高速列车相比都毫不逊色；速度上，在京津城际高速铁路开通之前，法国 TGV 以 320 公里/小时的运营速度居世界第一，而日本新干线依旧在 300 公里/小时的最高速度停滞不前。京津城际高速铁路以 350 公里/小时的运营速度将日、法、德等国甩在了后面，这的确让世界高速铁路界人士感到有些意外和吃惊。

"雏凤清于老凤声"，与 1981 年法国 TGV 东南线开通后的情形有些相似，世界关注高铁的目光开始汇集到中国身上。

有时，历史是如此惊人的相似！

1964 年 10 月 1 日，日本首条高速铁路——东海道新干线——在东京奥运会开幕前一周开通运营，奥运会与新干线的开通，成为日本战后全面复兴的两大标志性新闻。京津城际高速铁路也是在 8 月 8 日举行的北京奥运会前一周开通的，这两件事同样可看作是中国全面崛起的标志性新闻。

第4节 世界最大的高速铁路网

合宁客运专线、京津城际高速铁路才只是吹响了中国高速铁路修建的序曲，高潮还在后面。只经过短短 5 年左右的时间，中国就建成了世界上最大的高速铁路网，成为了名副其实的高速铁路大国。

1 宏伟的高速铁路发展规划

人口 13 亿；

国土面积 960 万平方公里；

东西南北跨距都在 5000 公里以上；

50 万以上人口城市 185 个（2010 年）；

从 2007 年至 2020 年，客运需求年平均增长率约为 7%；

每年经济增长速度 10% 左右，……

这些因素汇集在一起，便是中国铁路运输所处的大背景。与地广人稀的法、德等欧洲国家相比，即便我们不是交通专家，做出中国更需要大量、高速、正点、全天候运行的高速铁路这样的判断应当是一件容易的事。

的确，为了我们不再为买一张火车票而弄得心神俱疲，为了让我们的出行变得更加轻松而有尊严，也为了解决中国铁路货运能力捉襟见肘的尴尬局面，还为了中国经济的可持续发展，中国太需要高速铁路了！

2004 年，国务院《中长期铁路网规划》的公开发表，为我们描绘了一幅让人振奋不已的高速铁路规划图。我们来看看这个规划的要点：到 2020 年，中国铁路里程将达到 10 万公里，其中包括"四纵四横"共计八条、长达 1.2 万公里的高速客运专线（高速铁路）。

只需稍作比较，我们就知道这是一个多么宏伟的规划！日本历时近半个世纪只修建了不到 3000 公里，法国历时 30 余年也才修建了不到 2000 公里的高速铁路，中国规划中的高铁无论在规模和修建速度上都远远超过日、法、德等国自是一目了然。

按照《中长期铁路规划》，中国很快进入了铁路建设大发展时期。前面提到的 2007 年既有线的第六次大提速，2008 年合宁客运专线、京津城际高速铁路的开通便是很好的例子。

然而，中国高速铁路网规划的故事还并没有到此结束。不断快速增长的客货运量，加上 2008 年从美国开始的全球经济危机也波及到中国，作为拉动内需的一环，2008 年 11 月，国家对 2004 年的铁路中长期铁路规划作了进一步调整，这便是广为人知的《中长期铁路网规划（2008 年调整）》。按照新规划，到 2020 年，中国铁路营业总里程和高速客运专线里程将分别达到 12 万和 1.6 万公里以上；高速列车通过客运专线和既有线的跨线运行，其通达里程将达到 5 万公里左右，其足迹将延伸到几乎所有人口在 50 万以上的城市；全国铁路网复线率和电气化率将分别达到 50% 和 60%；主要干线铁路将实现完全的客货分离运输……

2 已开通的中国高速铁路线路

中国高速铁路可分为 200~250 公里 / 小时、300~350 公里 / 小时两个速度等级，据粗略统计，中国目前已开通的高速铁路营业里程已超过一万公里，其中，200~250 公里 / 小时速度等级约 3815 公里（未计入 2003 年开通 404 公里的秦沈高铁）；300~350 公里 / 小时速度等级约 6725 公里。见下表。

中国确实是个名副其实的高速铁路大国！修建速度之快也的确令人叹服！

也许你会问，在 20 世纪 90 年代就开始规划的京沪高速铁路为何没有先拔头筹？回顾中国高速铁路走过的历程，据作者的观察和理解，为修建京沪高速铁路，中国大约采取了这样的策略：首先修建一条里程短、线路条件相对简单的京津城际高速铁路，以积累各项高速运行技术；然后修建里程长、线路条件和运行条件复杂的武广高速铁路，积累长距离、高速运行下基于 GSM-R 的列车运行控制、隧道内时速 350 公里高速会车、双弓受流等技术和运行经验；在此基础上，修建最重要的干线——全长 1318 公里的京沪高速铁路。

已开通 200~250 公里 / 小时速度等级高速铁路

线路区间	开通时间	线路里程（公里）
合肥—南京	2008.4	156
青岛—济南	2008.12	362.5
石家庄—太原	2009.1	212
合肥—武汉	2009.4	367
宁波—台州—温州	2009.9	351
温州—福州	2009.9	230
福州—厦门	2010.4	275
成都—都江堰	2010.5	68
南昌—九江	2010.9	135
长春—吉林	2010.12	108
海南东环铁路	2010.12	308
汉口—宜昌	2012.7	293
龙岩—漳州—厦门	2012.7	171
广州—珠海/新会	2012.12	142
南昌—福州	2013.9	636

已开通 300~350 公里 / 小时速度等级高速铁路

线路区间	开通时间	线路里程（公里）
北京—天津	2008.8	120
武汉—广州	2009.12	1068
郑州—西安	2010.2	506
上海—南京	2010.7	300
上海—杭州	2010.10	158
北京—上海	2011.6	1318
广州—深圳	2011.12	116
郑州—武汉	2012.9	483
合肥—蚌埠	2012.10	131
哈尔滨—大连	2012.12	903
北京—石家庄	2012.12	281
石家庄—郑州	2012.12	412
南京—杭州	2013.7	256
杭州—宁波	2013.7	155
盘锦—营口	2013.9	89

第5节 几条代表性的高速铁路

1 京广高速铁路（简称"京广高铁"）

京广高铁是目前世界上运营里程最长的一条高速铁路，全长 2298 公里，它从北京至广州，途经河北、河南、湖北、湖南、广东五省，于 2012 年 12 月 26 日全线开通运营，从北京至广州最快的列车只需 7 小时 59 分钟。

实际上，京广高铁最先开通的是武汉至广州区间（简称"武广高铁"），于 2009 年 12 月 26 日开通，继京津城际高速铁路之后，中国开通的第二条时速 350 公里的高速铁路。

有了京津城际高速铁路的建设和运营经验，按理，中国应能轻松地实现武广高铁的开通、运营。但事实是，京津高铁与武广高铁有很大的不同，还有很多问题需要研究：线路长度上，京津城际只有约 120 公里，而武广高铁达 1068 公里，长时间、高速持续运行对列车的可靠性提出了更高要求；京津城际全线没有一个隧道，而武广高铁达 228 座之多，列车在隧道中高速交会时的气动问题、

↑ 京广高速铁路

隧道口的微气压波问题需要研究；京津城际采用 CTCS-3D 列控系统，武广高铁采用基于 GSM-R 的车—地双向通信的 CTCS-3 级列控系统，确保列车安全运行也有太多问题需要研究等等。但在中国铁道界的努力下，这些问题都得到一一解决。

武广高铁开通后，2012 年 9 月 28 日，郑州至武汉段开通运营，同年 12 月 26 日，北京至石家庄、石家庄至郑州段开通，自此，世界上最长的一条高速铁路京广高速铁路全线开通。

2 京沪高速铁路

2008 年 4 月 18 日，举世瞩目的京沪高速铁路开工。

京沪高速铁路全长 1318 公里，它是目前世界上一次性建成的最长的高速铁路。京沪高铁将北方的环渤海经济区和南方的长江三角洲经济区连接在一起，沿线的 7 省市是我国经济最发达的地区，为了满足沿线日益增长的客流需求，为修这条高速铁路，国家共投资 2200 多亿元之多。

京沪高速铁路与既有京沪线的走向大体平行，最高运营时速 350 公里、初期最高运营时速 300 公里，全线共设 23 个车站。为了保证高速列车的行车安全，并方便沿线人、车通行，京沪高速全线实现道口的全立交和线路的全封闭。为了最大限度地节约土地，全线以桥梁为主，全线的桥梁长度达 1140 公里，占正线长度 86.5%。京沪高速的隧道长度

京沪高速铁路

约 16 公里，占正线长度 1.2%；路基长度 162 公里，占正线长度 12.3%；全线铺设无砟正线约 1268 公里，占线路长度的 96.2%。有砟轨道正线约 50 公里，占线路长度的 3.8%。

在技术上，京沪高速铁路集中国高速铁路技术之大成，高速列车、列车运行控制、轨道、牵引供电等都代表着如今中国高速铁路技术的最高水准。

3 哈大高速铁路

哈大高速铁路将黑龙江、吉林、辽宁三省的省会哈尔滨、长春、沈阳以及滨海城市大连连接在一起，成为东北地区的交通大动脉。

哈大高速铁路全长 921 公里，全线设 23 个车站，于 2012 年 12 月 1 日正式开通运营。

说到东北，我们容易联想到的它的一个特点是：严寒！

事实上，如果要说哈大高速铁路与其他高速铁路在技术上的最大不同点，那便是它的防寒技术。例如，为哈大线量身定做的

CRH380B 型动车组可以在 −40℃ 的条件下正常运行；为防止路基冻胀，在路基冻结深度范围内填筑了非冻胀性材料；采用了防开裂的双向预应力 CRTS–I 型板式无砟轨道结构；道岔设置融雪装置；接触网也设融冰装置；专门的雪灾监控系统等等。正是有了这些防寒措施，即使在天寒地冻的北国，人们仍可以乘坐高速列车，享快速、舒适之旅！

哈大高速铁路是国家"十一五"规划的重点工程，是国家《中长期铁路网规划》"四纵四横"客运专线网中京哈客运专线的重要组成部分，是我国目前在最北端的严寒地区设计建设标准最高的一条高速铁路。它北起冰城哈尔滨，南抵滨海城市大连，线路纵贯东北三省，途径哈尔滨、长春、沈阳、大连四个副省级城市和六个地级市及其所辖区县。全长 921 公里，为双线电气化铁路。其中黑龙江省境内 81 公里，吉林省境内 270 公里，辽宁省境内 553 公里，设 23 个车站。2012 年 12 月 1 日正式开通运营。

哈大高铁是我国目前最北端的一条高速铁路，是在寒冷地区进行的高铁建设工程。全线轨道铺通，是哈大高铁建设的一个重要里程碑。中国首次研制的高寒动车组CRH380B可适应最低温度为零下40度。

和国内其他高速铁路不同，哈大高速途径我国最寒冷的地区，而寒冷又恰恰是列车"提速"最大敌人。在这一点上，怎样解决的呢？

作为哈大铁路客运专线的总体设计单位，铁三院在哈大客运专线设计过程中，开展了"哈大客运专线基础工程综合技术"等一系列课题的研究。这其中，主要包括寒区铁路路基防冻胀结构及设计参数研究，寒区铁路工程冻胀特点与防治措施研究，寒区客运专线路基与桥涵防冻胀技术研究，寒区铁路混凝土结构耐久性技术研究等。

哈大客专所经地区极端最低温度-39.9℃，是我国乃至世界在严寒地区修建的第一条客运专线，相关设计采取了很多针对措施。比如，我们加强了路基防冻胀措施。如路基冻结深度范围内填筑非冻胀性填料；路基高度小于季节冻深地段设置降水设施；低路堤地段设置防冻胀护道；地下排水设施出水口采用防冻胀设计；路基间排水采取轨道板底座内设置钢管外排设计。

通过合理选择轨道结构，采用防开裂的双向预应力CRTS Ⅰ型板式无砟轨道结构，并在通用图基础上采取加强措施；研制满足严寒地区技术性能的CA砂浆，克服了轨道结构的薄弱环节。同时，动车组经由的道岔设置融雪设施，牵引供电系统设接触网融冰装置，防灾监控系统设雪灾监控子系统，提高恶劣环境下运营效率，保证运营安全性。

第 5 章

中国高速列车

ZHONGGUO GAOSU LIECHE

2007 年以前，说到高速列车，它离我们是那么遥远！我们只有到日、法、德等国，才有机会体验乘坐高速列车的追风之旅，那时候难免会让人生出"热闹是他们的"的感叹。

但时光到了 2007 年，高速列车开始在既有线上大面积开行，高速列车"飞入寻常百姓家"，它于我们变成了如此亲切而真实的存在！

2007 年 4 月 18 日，伴随中国铁路第六次大提速的实施，人们看到了时速 200 公里等级的"和谐号"CRH1A 型、CRH2A 型和 CRH5A 型三种高速动车组在环渤海湾、长三角、珠三角城市群和华北、中南、西北、东北地区提速线路上高速运行的矫健身影。CRH 动车组一上阵就在旅客运输中大显神威，受到人们的青睐，受到广大"粉丝"的追捧，中国铁路形象也因此而大为改观！

其后，深得人心的"和谐号"CRH 动车组发展迅猛，世界首款高速卧铺列车、世界上运营速度最快的时速 350 公里动车组、时速 500 公里以上试验列车等依次登场，使 CRH 动车组成为世界高速列车中"车"丁兴旺的新兴族，并受到世界高速铁路界的广泛关注。

现在，就让我们来了解一下 CRH 系列动车组的发展历程和各自的特点。

↑ 2007 年 4 月 18 日，第一列 CRH 动车组驶入北京站

第1^节 什么是动车组？

🔄 动车组让人难分头尾

1 动车组与传统列车的区别

传统的列车是由机车牵引车辆，机车带有动力，车辆没有动力，只管载客拉货，二者分工明确。"火车跑得快，全靠车头带"，一列编挂好了的车辆，在没有挂上机车之前，动弹不得，只能叫"车列"，是没有资格叫"列车"的。而且，列车要调转方向向后行驶时，必须将车头摘下，在列车尾部重新加挂机车才行。

然而，动车组的出现，模糊了机车和车辆的界限。远远望去，它浑然一体，你看不出头尾车与中间车辆有什么太大的差别。

⬇ 传统列车由机车牵引车辆

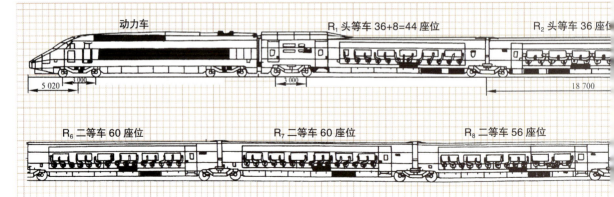

动力车　　　　　　　　　　　　　R_1 头等车 36+8=44 座位　　　　　R_2 头等车 36 座位

5 020　3 000　　　　　3 000　　　　　　　　　　　18 700

R_6 二等车 60 座位　　　　　　　R_7 二等车 60 座位　　　　　　　R_8 二等车 56 座位

↑ 法国 TGV-A 型动车组的编组（单位：毫米）

那么，什么是动车组？

就作者知道的范围，目前国内似乎还没有关于动车组的权威定义。以作者的理解暂作以下的解释。

我们首先应该弄清楚动车组的"动车"是什么意思？所谓"动车"，简而言之就是具有牵引动力装置的铁道车辆。动车又包括两种：一种是只给列车提供动力，但不载客不载货的机车，也就是我们熟悉的火车头，前面我们曾以字母 L 表示；另一种，就是牵引动力装置安装在车厢底部，兼备载客或载货功能的带动力的车辆，前面我们曾以字母 M 表示。相对于动车，不具有牵引动力装置的车辆叫做"拖车"，前面我们曾以字母 T 表示。

动车的意思既明，那就让我们来看看动车组的庐山真面目。我们以首开世界时速 300 公里的法国 TGV-A 和中国时速 200 公里等级

的 CRH2A 型动车组为例来说明。

TGV-A 为 12 辆固定编组，在列车的前、后各配置 1 台用同步电机驱动的电力机车，中间配置 10 辆拖车，列车运行时，两台电力机车以前拉后推的推挽方式运行，最高运营速度可达 300 公里 / 小时。列车在终端站往返是无需调头的，因为列车前后都配有司机室。

CRH2A 型属时速 200~250 公里速度等级的高速动车组，全列 8 辆固定编组，其中 4 辆为车厢下安装了牵引异步电机的动车，4 辆为拖车。4 辆动车不只是为列车提供动力，也负责载客——这是与机车不同的地方。CRH2A 型动车组的前后两端也各自配有司机室，在终点站也同样无需调头。

也许你已看出一些动车组的特征了。

首先，动车组是由具有牵引动力装置的动车和拖车或者全部是动车组成的一个固定

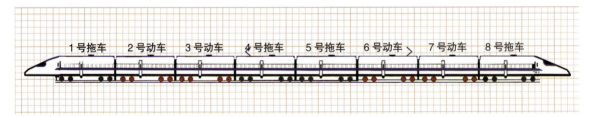

1 号拖车　2 号动车　3 号动车　4 号拖车　5 号拖车　6 号动车　7 号动车　8 号拖车

↑ 中国 CRH2 型动车组编组示意图

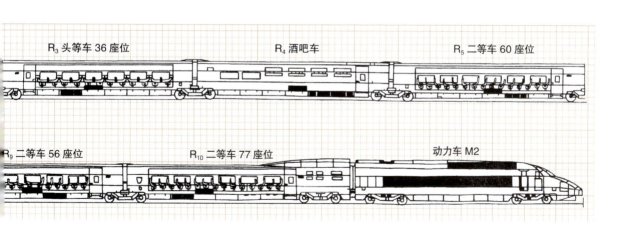

R3 头等车 36 座位　　　R4 酒吧车　　　R5 二等车 60 座位

R9 二等车 56 座位　　　R10 二等车 77 座位　　　动力车 M2

编组。这里,"固定编组"4 个字非常重要,它凸显着动车组的鲜明特征,即动车组在正常运用中,编组中的各车辆如同形影不离的兄弟,是不能拆解的。从外观来看,动车组中的车辆都长得几乎一模一样,连挂在一起之后,浑然一体,成为一个整体结构。

其次,动车组头、尾车均设司机室,可以前后两端行驶,在终点站没有调头的麻烦。

知道了动车的概念以及动车组的这两个特征,想必你对动车组这个术语也已心领神会了吧。

2 动车组不等于高速列车

在中国是先出现动车组，后出现高速列车，而高速列车的模样又都跟动车组相同。因此，在许多人心目中有这么一个等式：

动车组 = 高速列车

其实，这是一个误区。动车组是不能和高速列车完全划等号的。

动车组按速度级别可以分为两类。只有最高运营时速达到 200 公里及以上的动车组才算得上高速列车；而有的动车组最高运营速度达不到 200 公里 / 小时，这样就不够高速列车的资格，但是却具有动车组固定编组、可两端行驶的特征。我国在第六次大提速前曾开行了许多这样的动车组。例如：

——1998 年 6 月在南昌至九江间投入运营的中国首列双层内燃动车组"庐山号"，最高速度只有 120 公里 / 小时。

——为迎接昆明世界园艺博览会，1999 年"石林号"（也叫"春城号"）电力动车组开始运行于昆明—石林的城际线路上，采用动力分散

↑ "新曙光号"动车组

↑ "神州号"动车组

↓ "庐山号"动车组

↑ 开行在北京至八达岭（延庆）的"和谐长城号"内燃动车组

方式,交—直传动,以1动1拖为1个动力单元,全列6辆编组,最高运营时速120公里。

——1999年10月"新曙光号"双层内燃动车组在沪宁、沪杭线开始投入运营,为动力集中式,动力配置为2动9拖,最高运营时速180公里。

——2000年10月投入京津之间运行的"神州号"动车组,为动力集中式双层内燃动车组,由两头动车中间加10辆双层拖车共12节车组成,最高运营时速160公里。

即便在第六次大提速之后,也还有不属于高速列车的动车组开行。如2008年8月6日,为服务于北京2008年奥运会增加的八达岭长城旅游客流而开行在北京至延庆的S2市郊铁路线上的"和谐长城号"动车组,动力配置为2动7拖,最高运行时速160公里。

以上这些,都是动车组,但它们都不是高速列车。因此,动车组与高速列车这两个概念是有区别的。只能说,动车组中的高速动车组（时速200公里以上）才属于高速列车。

动车组不都是高速列车。另一方面,高速列车也未必非得是固定编组的动车组方式。不过,从实际情况来看,目前各国的高速列车还都是动车组方式。

第2节 "和谐号"CRH 动车组的发展

1 小荷才露尖尖角

中国虽然在 21 世纪初自主研发了"中华之星"等高速列车，但应该承认，同一时期日、法、德等国的高速列车技术相对更加先进、成熟。在全球经济一体化的 21 世纪，积极吸收国外先进技术，在尽量短的时间内缩短与国外的差距，无疑是一条行之有效的道路。2004 年，原铁道部与庞巴迪公司、川崎重工、阿尔斯通等三家国外著名企业签订合同，决定分别引进 Regina、E2-1000 和 SM3 三种车型，基于原型车，青岛四方－庞巴迪铁路运输设备有限公司（BST）、中国南车集团四方机车车辆股份有限公司、中国北车集团长春轨道客车股份有限公司分别对应设计制造了 CRH1A、CRH2A 和 CRH5A（下标字母"A"，表示动车组为 8 辆编组、最高时速 200 ～ 250 公里 / 小时）三种动车组。由于合同谈判出现的波折，西门子公司比其他三家国外企业晚一步，直到 2005 年才与中方签订引进 Velaro-E 高速列车的合同，并由中国北车集团唐山轨道客车有限责任公司基于原型车设计制造 CRH3C（字母"C"，表示动车组最高运营速度为 350 公里 / 小时）型高速动车组。当然，CRH1~5 型动车组并不是简单的"拿来"，毕竟，中国有自己独特的国情和路情，

因此，对原型车不做相应的技术上的改进是不行的。以 CRH2A 来说吧，原型车的轮对内侧距为 1360 毫米，为了适应中国铁路轨道特点，CRH2A 将轮对内侧距调整为 1353 ± 1 毫米，不要小看这 7 毫米之差，它会带来不同的轮轨接触行为，直接影响对列车的运动性能；原型车 E2-1000 的受电弓高度只有 5 米，但在中国线路上运行的 CRH2A 型动车组需要通过有双层集装箱运行的线路区间，这样受电弓的高度就必须达到 6.5 米，因此 CRH2A 型动车组选用了新的受电弓；在服务设施上，CRH2A 型动车组增设了原型车没有的餐饮车、有开水器等等。

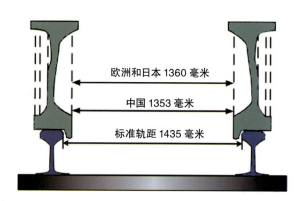

↑ CRH 动车组列车内侧距的调整

在 2007 年的第六次大提速中，正是 CRH1A、CRH2A 和 CRH5A 这三种动车组的登场亮相，让"动车组"成为一个妇孺皆知的专有名词，让人们领会了高速列车在旅客运输中的独特魅力，也把中国铁路全面推向了现代化。

2 向多样化和更高速度迈进

CRH1A、CRH2A 和 CRH5A 这三种动车组在第六次大提速中的"首秀"堪称完美，

但中国显然不会止步于此。

中国的目标在更远方……

2008 年 8 月 1 日，京津城际高速铁路开通，CRH2C 和 CRH3C 两种动车组的最高运营时速达到 350 公里，为世界第一高速。其中，CRH2C 是在 CRH2A 的基础上通过增加动力、优化转向架悬挂参数等技术提升实现的。想想吧，CRH2A 的原型车 E2-1000 系的最高运营速度为 275 公里 / 小时，其设计最高速度也只有 315 公里 / 小时，CRH2C 倘不经过精心的

“和谐号”CRH1A 型时速 200 公里 8 节编组动车组

“和谐号”CRH1E 型时速 200 公里 16 节编组卧铺动车组

“和谐号”CRH1B 型时速 200 公里 16 节编组动车组

↑ "和谐号" CRH2A 型时速 200 公里 8 节编组动车组

↑ "和谐号" CRH2B 型时速 200 公里 16 节编组动车组

↑ "和谐号" CRH2C 型时速 300 公里 8 节编组动车组

↑ "和谐号" CRH2E 型时速 200 公里 16 节编组卧铺动车组

软卧混编，其中首尾两端的 1 号、16 号车厢为二等软座，全列车定员 630 人。2009 年，10M6T 的 CRH1E 型卧铺动车组也在既有线上投入运营。

技术提升，是很难实现 350 公里 / 小时运营的。

在 2008 年、2009 年两年里，随着既有线乘坐动车组客流量的猛增，16 辆长大编组的 CRH2B、CRH1B 两种动车组先后在既有线上投入运营。

2008 年 12 月 21 日晚，北京至上海 D301/2 次 CRH2E（下标字母 "E"，表示动车组为卧铺动车组）型 16 辆大编组卧铺动车组首发，改变了世界上没有高速卧铺动车组的历史，也为京沪间乘客提供了更加舒适、便捷的选择。要说明的是，CRH2E 是软座与

↑ "和谐号" CRH3C 型时速 300 公里 8 节编组卧铺动车组

2009 年 6 月，原铁道部向国内动车组制造企业招标采购共 320 列时速 350 公里及以上的高速动车组。这些动车组就是后来广为人知的持续运营速度 350 公里 / 小时、最高运行速度 380 公里 / 小时的 CRH380A~D 系列。

2010 年 5 月 27 日，"和谐号" CRH380B 首列车在长春客车股份公司高速车制造基地下线。

2010 年 9 月 20 日，由唐山轨道客车有限责任公司研制的首列 CRH380B 型高速动车组下线。

2010 年 9 月 28 日，CRH380A 在沪杭客运专线上亮相。这一天，头似火箭的 CRH380A 在沪杭客运专线上的最高试验速度达到 416.6 公里 / 小时；同年 12 月 3 日，CRH380A 在京沪高速铁路先导试验段再刷新自己的纪录，达到 486.1 公里 / 小时。特别应指出的是，CRH380A 的速度纪录是在商业运营线路上用商业运营的列车创造的纪录，与法国用专用试验列车在特殊试验线上跑出的纪录有着不同的内涵。

2010 年 10 月和 12 月，CRH380A 相继在沪杭、武广客运专线上正式投入运营。

2011 年 6 月 30 日，京沪高速铁路开通运营，CRH380AL 和 CRH380BL 作为首发列车分别从上海和北京向目的地飞驰而去，列车最高运营速度是 300 公里 / 小时。

2011 年 12 月 23 日，由四方机车车辆股份有限公司时速 500 公里以上高速试验列车下线。

……

CRH5A

"和谐号" CRH380A 型时速 380 公里 8 节编组动车组

目前投入商业运营的 CRH 的部分技术参数如表所示。从表中可以看出，CRH 动车组的显著特点是都采用动力分散方式；在车型上，只历经短短的几年时间，中国已拥有 CRH1、CRH2、CRH3、CRH5、CRH380A、CRH380B、CRH380C、CRH380D 等八大系列车型，按照列车种类分（如 CRH1 型可分为 CRH1A、CRH1B、CRH1E 三种），则有十几种之多；在速度等级上，可分为 200～250 公里/小时、350 公里/小时和 380 公里/小时三个等级。

"和谐号" CRH380BL 型时速 380 公里 16 节编组动车组

CRH1~5 型动车组主要技术参数

车型 项目	CRH1			CRH2				CRH3	CRH5
	CRH1A	CRH1B	CRH1E	CRH2A	CRH2B	CRH2C	CRH2E	CRH3C	CRH5A
运营开始年	2007	2009	2009	2007	2008	2008	2008	2008	2007
最高运营速度 （公里/小时）	200	250	250	250	250	350	250	350	250
编组	5M3T	10M6T	10M6T	4M4T	8M8T	6M2T	4M4T	4M4T	5M3T
起动加速度 （公里/小时/秒）	2.16	2.16	2.16	1.46	1.46	1.46	1.46	1.54	1.8
车辆尺寸 （毫米）	长:25800 宽:3328 高:4040 头车长: 26950	长:25800 宽:3328 高:4040 头车长: 26950	长:25800 宽:3328 高:4040 头车长: 26950	长:25000 宽:3380 高:3700 头车长: 25700	长:25000 宽:3380 高:3700 头车长: 25700	长:25000 宽:3380 高:3700 头车长: 25700	长:25000 宽:3380 高:3700 头车长: 25700	长:24175 宽:3265 高:3890 头车长: 25865	长:25000 宽:3200 高:4270 头车长: 27600
受电弓数	2	4	4	2	4	2	4	2	2
最大轴重（吨）	16	16	16	14	14	14	14	17	17
齿轮比	3.27	3.27	3.27	3.03	3.03	—	3.03	2.79	2.5
牵引电机功率 （千瓦/台）	265	265	265	300	300	300	300	562	550
电力电子器件	IGBT	IGBT	IGBT	IGBT	IGBT	IGBT	IGBT	IGBT	IGBT
牵引控制	C/I控制	C/I控制	C/I控制	C/I控制	C/I控制	C/I控制	C/I控制	C/I控制	C/I控制
制动控制	再生+空气	再生+空气	再生+空气	再生+空气	再生+空气	再生+空气	再生+空气	再生+空气	再生+空气

CRH380A~D 型动车组主要技术参数

	CRH380A	CRH380AL	CRH380B	CRH380BL	CRH380CL	CRH380D
运营开始年	2010	2011	2012	2011	2013	预计2014
最高运行速度 （公里/小时）	380	380	380	380	380	380
编组	6M2T	14M2T	4M4T	8M8T	8M8T	4M4T
起动加速度 （公里/小时/秒）	1.46	1.74	1.44	1.46	1.51	1.44
车辆尺寸 （毫米）	长:24500 宽:3380 高:3700 头车长:26250	长:25000 宽:3380 高:3700 头车长:26250	长:24175 宽:3257 高:3890 头车长:25535	长:24175 宽:3257 高:3890 头车长:25535	长:24175 宽:3257 高:3890 头车长:26200	长:25800 宽:3358 高:4160 头车长:27450
受电弓数	2	4	2	4	4	2
最大轴重（吨）	15	15	17	17	17	17
齿轮比	2.379	2.379	2.429	2.429	2.429	2.436
牵引电机功率 （千瓦/台）	400	385	586	586	615	630
电力电子器件	IGBT	IGBT	IGBT	IGBT	IGBT	IGBT
牵引控制	C/I控制	C/I控制	C/I控制	C/I控制	C/I控制	C/I控制
制动控制	再生+空气	再生+空气	再生+空气	再生+空气	再生+空气	再生+空气

第 3 节 CRH1型系列动车组

⬆ CRH1A 型动车组

在 2007 年 4 月 18 日进行的第六次大提速中，在广州东—深圳区间首次开行了 10 列 CRH1A 型动车组（简称 CRH1A），后来陆续投入运营的该型动车组，分别配置到广州、上海和南昌铁路局，运行区间为长沙至武昌、上海至南京、昆山、上海南至长沙、杭州、金华等。

CRH1A 车身以白色为基调，在车窗下边有一条蓝色色带。CRH1A 车头外形的导流罩和司机室玻璃钢罩表面部分采取了鼻形圆锥体流线型结构，司机室玻璃罩下边白色的"和谐号"三个字非常醒目。

CRH1A 为 8 辆编组（5 动 3 拖），车长 213.5 米，最高运营时速 200 公里。编组共设

有 2 辆一等车和 6 辆二等车。一等车设在编组两端的 Mc（带动力的控制车）车上，座椅采用 2+2 配置方式，一等车上配置有一个坐式卫生间。二等车的座椅采用 2+3 方式配置，座椅为可调靠背座椅。二等车中还有 1 辆酒吧和二等车的合造车，其中还为残疾人设有 1 个坐式卫生间。

CRH1A 定员多，车门大，车门设在车体中间，这是它有别于其他几种车型的鲜明特点，因此，CRH1A 特别适合城际铁路短途运输。其编组定员为 668 人（固定座椅），比其他三种 CRH 车型定员要多，两个编组连挂运行时定员可达 1336 人。CRH1A 采用密闭性好的塞拉门，每车每侧各 1 个，车门开口宽度为 1100 毫米（CRH2 只有 1010 毫米），高度为 2000 毫米，这样宽大的车门主要是为了方便乘客快速上下车。

在 CRH 的 4 种车型中，只有 CRH1A 采用不锈钢车体，轴重为 16 吨。CRH1A 采用交流传动技术，每台牵引异步电机的功率为 265 千瓦，牵引总功率为 5500 千瓦。制动采用再生制动＋空气制动方式。动车的空气制动采用轮盘式，制动盘直接安装在车轮辐板上；

⬆ CRH1A 型动车组的一等车

↑ CRH1A 型动车组的二等车

拖车则采用轴盘式，制动盘安装在车轴上，每轴 3 套。在最大载荷条件下，在平直轨道上的制动距离小于 2000 米。

为了适应中国的国情与路情，CRH1A 在引进技术的基础上，对车体钢结构、转向架、牵引电机、列车网络控制系统等都作了技术上的修改。

在 CRH1A 型动车组基础上又开发了 CRH1B 型时速 200 公里 16 节编组动车组和 CRH1E 型时速 200 公里 16 节编组卧铺动车组。它们共同组成了 CRH1 型系列动车组大家庭。

↑ CRH1A 型动车组行驶在既有京沪线上

第4节 CRH2型系列动车组

↑ CRH2A 型动车组

CRH2A 是第六次铁路大提速中开行数量最多的动车组列车，首次共投入 37 列，超过运营动车组总量的 70%，运行线路区间最广泛，包括北京至石家庄、邯郸、郑州、汉口，北京至天津，西安至宝鸡，济南至青岛，上海至常州、南京，上海至长沙、杭州等。

CRH2A 车头形状颇有些特点，它在纵向上采用双曲拱面，在横向上采用五曲拱面，不用说，这是基于空气动力学原理反复设计的结果。从车头向车身望去，CRH2A 显得面庞清秀而身材修长。

CRH2A 型动车组采用 8 辆编组（4 动 4 拖），由两个动力单元组成，每个动力单元由"拖—动—动—拖"组成，在 4 号车和 6 号车上各设有一台受电弓，不过运行时只采用单

弓受流，另外一台受电弓处于备用状态。编组总长 201.4 米，定员 610 人，牵引总功率 4800 千瓦，最高运营时速 250 公里。

编组中的 7 号车为一等车，座椅采用 2+2 配置方式，定员为 51 人。7 号车外的其他车辆为二等车，其中 5 号车为餐车与二等车的合造车，二等车座椅配置为 2+3 方式。乘客一般都是喜欢面朝列车前进方向而坐，CRH2A 型动车组的所有座椅都可调整方向。早期制造的 CRH1A 和 CRH5A 型车的座椅是不能调整方向的，大约是受 CRH2A 的影响吧，后来生产的也都可以调整方向了。

在 4 种 CRH 动车组中，CRH2A 型动车组的轴重是最轻的。它最大轴重为 14 吨，最小轴重才 11.7 吨，有效地降低了牵引和制动能耗，也减小对轨道的损伤和沿线运行噪声。CRH2A 的体态如此轻盈，这是设计者们在材

↑ CRH2 型动车组的旋转式座椅

🔼 CRH2A 型动车组的一等车

➡️ CRH2A 型动车组的二等车

料、装置结构等多方面努力的结果。例如，它的车体采用大型中空挤压型材双面焊接结构，车轴采用内孔直径为 60 毫米的空心车轴等等。

为了适应中国铁路的运营要求，CRH2A 动车组在引进技术的基础上作了诸多改进。例如，车轮内侧距调整为满足中国铁路线路的 1353 毫米；车轮踏面形状改为与中国铁路钢轨相适应的磨耗型踏面；为了满足中国接触网高度（6.45 米）以及对受电弓弓头宽度的要求，CRH2A 没有采用进口的受电弓，而是采用了由国内企业制造的受电弓；此外，在服务设施方面，CRH2A 还增设了饮水机、餐车等。2007 年底在 CRH2A 基础上又开发了 6 动 2 拖的 CRH2C 型动车组，并在 2008 年 7 月投入京津城际铁路运行。此后又先后开发了 CRH2B 型时速 200 公里 16 节编组动车组和 CRH2E 型时速 200 公里 16 节卧铺动车组。这使得 CRH2 系列动车组比 CRH1 系列动车组更为庞大。

第5节 时速350公里的CRH3C型动车组

CRH3C型动车组最高运营时速350公里。良好的乘坐舒适度，明净、宽松、通透的车内环境设计，也同样给人以深刻的印象。

依据空气动力学原理设计的CRH3C流线型车头显得线条平滑、秀气、端庄，整体上看，CRH3C的车体略呈圆筒形。它为8辆编组（4动4拖），全长约200米，两列动车组可以连挂起来运行。前后带司机室的头车上各设有一等座椅8个，二等座椅60个。头车上的8个头等座椅设在司机室的后边，透过司机室后面两侧的透明玻璃，坐在紧邻司机室的3个座椅上，你可以将列车运行前方的景致尽收眼底。

CRH3C的5号车为一等车，座椅配置为2+2方式，定员51人（1个轮椅席），在端部

⬆ CRH3C 型动车组进出北京南站

设有饮水机及两个卫生间（1个为残疾人用卫生间）。其余的5辆车便都是二等车了，座椅为2+3配置方式，其中4号车为二等车与餐车的合造车。

列车定员为556人+1人（轮椅区1人），是同样编组的CRH系列中定员最少的车型，因此，CRH3C要显得相对宽敞一些。车体采用大型中空铝合金型材组焊而成的薄壁筒型整体承载结构，满员时列车重量473吨，最大轴重17吨。为了保证列车安全、平稳地运行，提高乘客乘坐舒适度，转向架采用了高性能空气弹簧和减振器的减振装置，同时还采用了空心车轴、轻量化构架等新技术。编组采用16台输出功率550千瓦的三相异步电机牵引，牵引总功率为8800千瓦。制动采用再生和空气联合制动。

⬆ CRH3C 型动车组司机室后面的一等座椅

CRH3C 行驶在天津的高楼大厦间

第6节 耐寒禁冻的 CRH5A型动车组

CRH5A 型动车组活跃在北京至沈阳、长春、哈尔滨方向的线路上。东北的冬天，严寒，多雪。然而，即使在大雪寒冷的天气条件下，CRH5A 仍可在北京至东北方向的线路上高速穿梭。

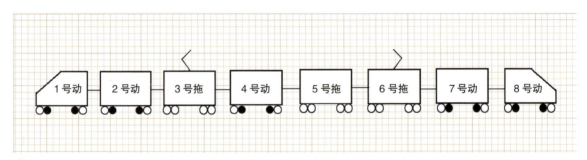

⬆ CRH5A 型动车组

CRH5A 的前脸，在驾驶窗下两边分列着两个车灯，好像小轿车一样，这是它最明显的特征。

CRH5A 为 8 辆编组（5 动 3 拖），编组长 211.5 米，牵引总功率 5500 千瓦，最高运营时速 200 公里。编组中设有一等车 1 辆，二等车 7 辆（含 1 辆带酒吧的二等车）。一等车座椅采用 2+2 布置方式，二等车采用 2+3 布置方式。编组定员为 622 人（包括一个残疾人坐席）。

高速列车各种新技术在 CRH5A 上得到了应用，如采用大截面中空铝合金挤压型材结构，采用 IGBT 牵引变流技术，电（再生）空联合制动等。但它在技术上还另有独特的地方。

CRH5A 采用功率为 550 千瓦的异步电机牵引，但不是采用我们常见的"架悬式"（如 CRH2 等）将电机悬挂在转向架构架上，而是将电机更高地悬挂在车体上的"体悬式"，用万向轴来传递牵引力，动力转向架上只有齿轮箱，这样大大降低了转

⬆ CRH5A 型动车组编组示意图（黑色圆圈为动轮）

图中：1号动　2号动　3号拖　4号动　5号拖　6号拖　7号动　8号动

↑ 京哈线上的 CRH5A 型动车组

↑ CRH5A 型动车组的一等车

↑ CRH5A 型动车组的二等车

向架的簧下重量；其他 3 种 CRH 车型的动力转向架上有两根动轴，而 CRH5A 只有 1 根动轴；CRH5A 转向架将来还可用于摆式高速列车应用。

CRH5A 的运行适应环境温度为零下 25 摄氏度到零上 40 摄氏度，为了能在严寒地区运行，CRH5A 在设计上考虑了如何防寒防雪。例如，CRH5A 流线型车头的挡风玻璃是电加热的，以便在冬天除去外部表面的霜。车头还设有底架防雪保护，位于转向架和司机室下的区域，它确保司机室底架的紧固以防止雪和冰的堆积。

第7节 最高运行时速380公里的 CRH380A和CRH380AL型动车组

CRH380A 型和 CRH380AL 型动车组的最高运行时速可达 380 公里，其中，CRH380A 为 6 动 2 拖的 8 辆编组、CRH380AL 为 14 动 2 拖的 16 辆编组。两者的下线时间相差只有两个月，CRH380A 的下线时间为 2010 年 8 月 25 日，CRH380AL 的下线时间为 2010 年 10 月 31 日。

CRH380A 和 CRH380AL 除编组长度、起动加速度以及牵引电机功率不同外，两者在技术上并没有什么差异。与同为四方机车车辆股份有限公司制造的 CRH2A 和 CRH2C 相比，CRH380A/AL 在技术上有什么特点呢？

——速度高。不消说，速度高是 CRH380A /AL 有别于 CRH2A 和 CRH2C 的最大特点。CRH380A/AL 的最高运行速度为 380 公里 / 小时、持续运营速度为 350 公里 / 小时，为当今世界上速度最快的商业运营列车。如照此速度运行，可实现当初京沪高速铁路全程最短运行时间 4 小时左右的目标。

——新头型。第一次看到 CRH380A/AL，扑入我们眼帘的就是它们那崭新的貌似火箭的头型。 为了让列车最高运行速度达到 380 公里 / 小时，解决因速度提升带来的安全性、舒适性以及节能环保性等带来的影响，如何

CEH380AL 型高速动车组

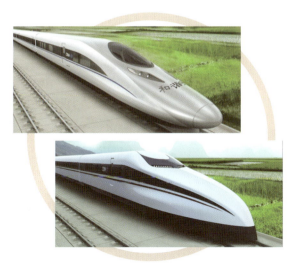

优选出 5 种头型中的两种（上图为最终方案）

通过合理的头型设计，减小列车运行阻力、抑制运行噪声、减小时速 350 公里列车交会时的气动压力波幅值、保证司机视角、兼顾中国文化因素等等，都是令设计者们煞费苦心的事情。

我们现在看到的 CRH380A/AL 头型可谓是优中选优的结果。

设计者们首先进行的是 20 种头型的概念设计，并制作了 1∶20 的实体模型，如果你有机会去四方机车车辆厂，在展厅里你还能看到这 20 种外形各异的实体模型；其次，从技术性能和文化特性的角度进行综合评价，从 20

种头型中优选出 10 种头型。其三，再从这 10 种模型中空气动力学仿真计算优选出 5 种头型。其四，针对 5 种头型进行计算分析和 1∶8 的动模型风洞实验；最后，从气动阻力、气动升力、交会压力波幅值等气动性能的角度对 5 种头型进行技术评价，同时兼顾文化因素的考虑，最终才确定了我们现在看见的头型。

CRH380A/AL 头型为旋转抛物体特征的楔形结构，纵断面型线为双拱形，水平断面型线为长扁梭型。与 CRH2C 相比，CRH2C 的车头长度只有 9.4 米，而 CRH380A/AL 的车头长度达到 12 米，长细比增加了 30% 左右；CRH2C 的车头截面积为 11.2 平方米，CRH380A/AL 的截面积略小，为 11.12 平方米；为了降低交会压力波，提高列车高速运行时

CRH380A 型动车组一等车

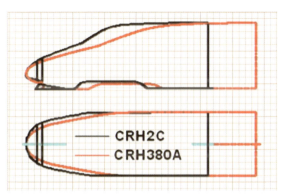

CRH380A/AL 和 CRH2C 外形的比较

CRH380A 型动车组二等车

CRH380AL 型动车组餐车

CRH380AL 型动车组商务观光车

的横向稳定性，CRH380A/AL 加大了车体的侧顶圆弧。正是通过这些技术努力，CRH380A 头型在综合气动性能方面较 CRH2C 有了较大提升，后来的高速运行试验表明，最终选定的头型能够满足最高运行速度 380 公里 / 小时的运行。

——转向架性能提升。高速转向架的性能决定了高速列车运行安全和运行品质，CRH380A/AL 动车组采用 LMA 磨耗型车轮踏面形状，通过优化转向架的一系、二系悬挂参数，并经过数据分析、仿真计算、试验验证等，转向架的临界失稳速度达到 550 公里 / 小时以上，运行稳定性、安全性、舒适性和结构可靠性均能满足时速 380 公里的运行。

——轴重增加。为了保证列车在时速 380 公里条件下的乘坐舒适度，也为了解决车体整体及局部模态、气密强度、噪声控制等性

能提升带来的重量增加问题，轴重从 CRH2C 的 14 吨提升至 15 吨，气密强度从 CRH2C 的 ±4 千帕提升到 ±6 千帕。

——牵引与制动系统提升。CRH380A 整车的牵引功率达到 9600 千瓦（CRH380AL 的牵引功率为 20440 千瓦），比 CRH2C 的牵引功率增加了 17%，但牵引传动系统总重量只增加了 10%。为了充分利用再生制动，CRH380A 的最大再生制动功率比牵引功率要高 33% 左右。同时，为了改善机械制动系统性能，CRH380A/AL 的制动盘采用了新材料，闸片采用浮动式结构，提高盘片接触均匀性。

——服务设施多样化。为了给乘客提供舒适、多样化的服务，CRH380A/AL 在服务设施上也下足了功夫。以 CRH380AL 为例，列车上设有带 VIP 座席的商务车 1 辆、一等座车 2 辆、二等座车 10 辆、带观光座的一等座车 2 辆和餐车 1 辆。其中一等座采用 2+2 方式布置，二等座为 2+3 布置，商务车和观光座为 1+2 布置。除了带酒吧的二等座车外，其他车厢所有座位均能旋转。

第8节 CRH380B和CRH380BL型动车组

在 CRH380 型系列动车组中，CRH380B 的显著特点是：耐高寒。

哈大高速铁路，将东北的两座大城市哈尔滨和大连相连，要保证高速列车在"千里冰封，万里雪飘"的北国正常运行，技术人员要解决的一个重要课题便是如何来应对高寒天气。高寒天气对高速列车会带来哪些负面影响呢？

大雪可能掩埋轨道，也会影响司机视野。

结冰可能会导致道岔等设备不能正常动作。

凝结在车身或车底板下的雪块掉落在线路上，容易击坏地面应答器等设备，也可能掉落地面后反弹起来击坏车窗等车上装置或部件。

列车从冰冻环境区间进入湿热环境，暖湿气流与低温车体相遇，车体设备以及管路之间还会产生冷凝水。冷凝水容易引起电器原件发生短路或损坏。

……

事实上，日本和欧洲国家的高速列车都吃过高寒环境的苦头。

气温要低到什么程度才算得上高寒？技术人员首先调查了哈大高铁沿途近 30 年的气象资料，发现最低气温纪录是零下 37.3 摄氏

度。因此，他们将 CRH380B 的耐寒最低温度定为零下 40 摄氏度。

照此目标，技术人员对材料的低温特性、防雪防冻以及各系统、各装置的低温适应性都进行了大量理论分析和试验，成功解决了 CRH380B 的耐高寒问题。例如，采用新型密封设备舱，解决了冬季防雪和夏季通风的环境适应性问题；采取多种防冻措施，解决了给水排污系统低温冻堵问题，保证车外水系统低温环境正常工作；针对冷凝水问题，对电气系统的结构进行了优化；解决了金属、油脂类材料的低温适应性问题，转向架、牵引传动系统、制动系统等都顺利通过了零下 40 摄氏度低温型式试验。

除耐高寒外，8 辆编组的 CRH380B 与 16 辆编组的 CRH380BL 在性能上相同，两者都是在 CRH3C 的基础上，对列车的牵引、制动、转向架、旅客服务设施等系统进行了技术提升。CRH380B/BL 的动拖比均为 1:1，最高运行速度为 380 公里/小时。

🔺 CRH380B 型高寒动车组驶出哈大高铁哈尔滨西站

第9节 CRH380CL型动车组

2013年国庆前夕，在京沪高速铁路上又有一种新车型投入运行——CRH380CL型动车组。

CRH380CL是中国北车长客股份公司在CRH380BL的技术平台上，通过技术提升后推出的新作。CRH380CL为8动8拖的16辆编组，列车定员1053人。与其他已经投入运营的CRH380BL动车组一样，CRH380CL的最高运行速度和持续运营速度分别为380公里/小时和350公里/小时。除运量大、速度高之外，CRH380CL还有哪些技术特点呢？

——新的流线型。它的流线型车头比CRH380BL要长2.6米，这样的设计将运行阻力比CRH380BL降低了10%左右，同时气动噪声也降低了2分贝左右。

——牵引功率大。牵引传动系统采用了新型绝缘及冷却技术，牵引功率由原来的18400千瓦提升到19200千瓦，启动加速度和牵引能力都相应得到了提升。

——车体强度高。车体能承受车钩处纵向拉伸与压缩载荷分别为1000千牛与1500千牛，并且能承受车端地板处400千牛、车端车顶处300千牛、车端窗口处300千牛的压缩载荷。

——空调送风设计独特。在CRH380CL中的乘客几乎感觉不到空调风的存在，这得益于它独特的空调设计：暖风主要从车厢中间和底部吹出，冷风则主要从车厢顶部的出风口吹出，我们知道热空气是要往上走，而冷空气是要往下走的，这样的结果会让身处其中的乘客感觉更加舒适和自然。

CRH380CL型动车组行驶在京沪高铁上

——车内照明节能。CRH380CL 车内全部采用 LED 节能照明，据统计，每列车一小时将因此节电 5 度，一年可节电 2 万度左右。虽然 LED 照明更加节能，但并没有因此牺牲照度，相反，照度还提高了 60%。下次如你有机会乘坐 CRH380CL，可别忘了抬头看看它的照明。

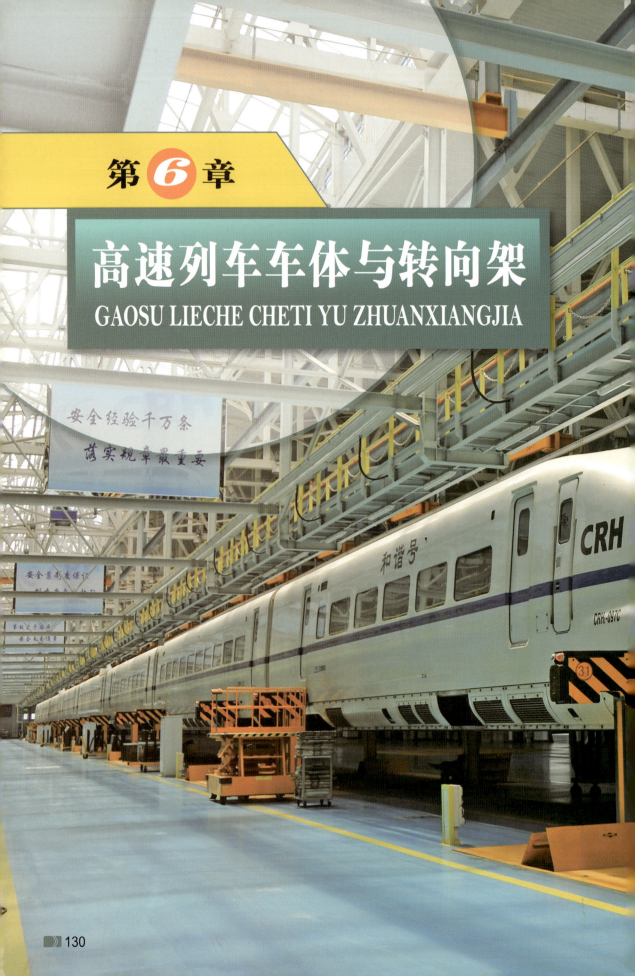

第6章

高速列车车体与转向架

GAOSU LIECHE CHETI YU ZHUANXIANGJIA

从诞生于日本的第一列高速列车起，到现今包括和谐号在内世界各国开发的几十种不同车型，尽管特色各异，档次不同，但是车头却始终是流线型的，如果有什么不同的话，也不过是不同形状的流线型！高速列车为什么不能换个形状，而都设计成这个样子？原来这是为了对付那些阻碍列车高速运行的"拦路虎"，说出来很可能让你吃惊，那只最大的"拦路虎"竟是人类生存离不开的空气……

在高速列车停靠的站台上，我们常能看到乘客与高速列车拍合影的情景。的确，外形美观大方，服务设施一流的高速列车，有足够的资本得到人们的喜爱！

高速列车外形固然漂亮，但它绝不是单纯的美术品。为了保证高速、安全、舒适的运行，设计者们将各种高新技术都应用在了它身上。现在就让我们先了解一下高速列车的车体和转向架。

↑ 高速列车整装待发

高速列车车体

车体，是既为司机和乘客提供乘坐空间，又为牵引、制动、受流等系统提供安装基础的载体。在技术上，我们对车体有什么样的要求呢？我们要求它：轻量；有足够的强度和刚度；有良好的空气动力学性能；保证良好的乘坐舒适性等。

1 车体材料

铝合金，是目前世界上绝大多数高速列车车体选用的材料。

我国的高速动车组除 CRH1 型外，其他车体材料都是铝合金。

除铝合金外，可供高速车体选用的材料还有耐候钢和不锈钢。

实际上，世界高速列车车体材料是从耐候钢开始的，日本最早的高速列车——0 系新干线列车就采用耐候钢车体，法国第一代高速列车 TGV-PSE 采用的也是耐候钢车体。而铝合金材料在高速车体上的应用要晚得多，1982 年问世的日本 200 系新干线列车首次采用铝合金车体，而世界上广泛采用铝合金车体是从 20 世纪 90 年代才开始的。

为什么早期的高速车体采用耐候钢材料，其后又主要采用铝合金材料呢？

价格低廉，成形简单，焊接工艺技术成熟，

这是早期高速车体采用耐候钢材料的主要理由。然而，随着列车速度的逐步提高，由于受到国家对列车运行引起的振动和噪声的相关法规的约束，通过高速车辆轻量化减振降噪成为一个不可回避的技术问题。在高速车辆的重量中，车体所占比例最大，因此，使车体轻量化，对减轻高速列车整体重量的效果也最明显。

也许，我们还应该对车辆轻量化的优点稍加进一步说明。轻量化的主要好处有三：一是节能；二是减小对轨道的损坏；三是减轻因振动引起的噪声，改善环境。

北京的人力车车夫拉着旅客去胡同观光，肯定喜欢蹬重量较轻的三轮车。道理很简单，那要省力得多。高速列车同样如此，列车体重越轻，牵引和制动消耗的能量就越少。以制动为例，我们在日常生活中都有体验，质量越大的车辆，惯性越大，刹车越困难。反过来说，同样的制动力，肯定是越轻的车辆刹车距离越短。假设有一列轴重为 15 吨的高速列车，列车只能以 220 公里的最高时速运行，否则制动系统将不能在规定距离内将车速降到规定速度。如果我们把列车的轴重降到 10 吨以下的话，同样的制动系统就可满足列车以 270 公里的最高时速运行。

至于列车运行时发出的振动和噪声，我们都有直接的体会。显然，列车的速度越高、重量（特别是转向架的簧下重量）越大，对轨道的损坏程度也越大，车轮在轨道上滚动发出的振动噪声也就越大。

我们知道，铝的密度只有钢铁的 1/3 左右，为了实现车体的轻量化，早在 20 世纪上半叶，人们就开始尝试用铝替代钢铁作车体材料。

不过，铝虽然轻，但抗拉伸的强度却只有钢的 1/5 左右，无法满足车体强度和刚度的要求。随着铝合金材料技术水平的不断提高，铝合金材料终于可以达到和钢同等程度的机械强度要求，用铝替代钢铁也就成为了现实。

采用铝合金车体，较钢制车体重量可减轻 30% ~ 40%。例如，100 系新干线列车耐候钢车体重量为 10.3 吨，同样尺寸的 300 系铝合金车体重量只有 6.5 吨。同时，由于铝合金具有良好的塑性，挤压成型容易，可以根据车体结构优化设计的要求，挤出各种形状复杂的铝型材，从而使制造工艺变得简单，节省加工费用。此外，铝合金车体还有耐腐蚀、外表平滑美观的优点。

↑ 铝合金材料车体

目前，高速列车铝合金车体材料主要有 A5000 系、A6000 系和 A7000 系三种。通常，对强度要求高的部分多使用 A7000 系，要求较低的部分用 A6000，而对耐腐蚀性要求较高的部分选用 A5000。

2 车体结构

列车在运行过程中，一方面，车体需要承载乘客的重量和各种设备的重量；另一方

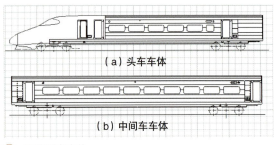

（a）头车车体

（b）中间车车体

↑ 高速列车车体

面，它还要承受横向、纵向、垂向和扭转等各种复杂的载荷。因此，车体必需具有足够的强度和刚度。高速列车车体分两种：头车车体和中间车车体，它们都是主要由底架、侧墙、车顶和端墙组成的，头车车体还多一个司机室头部结构。

高速列车车体一般采用筒形整体承载结构，即将底架、侧墙、端墙和车顶组成为一个整体，像一个圆筒，使车体各部分都能承受载荷，这样可以增强车体承载能力，同时减轻车体自重。

筒形车体一般是由型材或骨架蒙皮结构组成的封闭环状承载结构。早期的筒形铝合金车体类似碳钢车体的拼焊结构，采用小型化型材，与采用钢结构车体相比，工艺制造难度较大。但近年来，高速车体普遍采用大型、中空、薄壁的铝合金挤压型材，实现了纵向大幅度自动焊接工艺，提高了质量和生产效率。

世界各国高速列车车体大体上有以下几种形式：

——大型中空挤压铝型材焊接结构；

——钎焊铝蜂窝铝合金结构；

——航空骨架式铝合金车体结构；

——大型挤压型材的焊接结构。

我国 CRH2、CRH3、CRH5A 型动车组都采用大型中空挤压型材焊接结构。

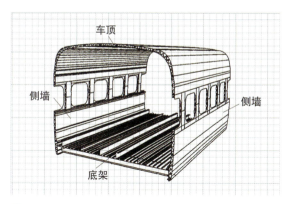

⬆ 大型中空挤压铝型材焊接结构

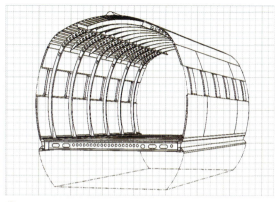

⬆ 航空骨架式铝合金车体结构

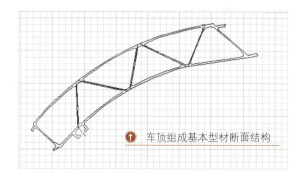

⬆ 车顶组成基本型材断面结构

3 空气动力学问题

对于高速列车的高速运行而言，制约它的主要因素居然是——空气！

也许很多人对这个答案感到意外，看不见摸不着的空气，能有那么大的"本事"来和飞驰的钢铁巨龙高速列车抗衡吗？答案是肯定的，我们熟悉的高速列车漂亮的流线型

车头、平整光滑的车体、与车体融为一体的车下设备舱，这些，主要都是针对列车高速运行时空气带来的恼人问题而设计的。那么，空气会对高速列车带来哪些烦恼呢？简而言之，主要有这样4个问题：

一是空气阻力问题；

二是气动噪声问题；

三是隧道微气压波问题；

四是列车表面压力波问题。

气动主要因素	设计关键指标
气动压力	长细比
交会压力波	截面积变化率
气动升力	车体断面形状及面积
列车风	水平及纵断面轮廓线
气动噪声	驾驶舱倾角
微气压波	
气动阻力	

（1）空气阻力

为什么高速列车设计要那么在乎空气阻力？因为只有牵引力大于列车运行阻力的时候，列车才能加速前进，这个道理很容易理解。为了说明空气阻力对列车高速运行有多大的阻碍作用，我们只需看一下列车在平直道上运行时空气阻力的影响就知道了。

所谓运行阻力，是指列车在平直道上运行时所受到的阻力。运行阻力由机械阻力和空气阻力两部分组成。

机械阻力包括车轮在轨道上滚动时形成的摩擦阻力，以及列车各转动部分的轴承摩擦阻力。车轮在轨道上滚动时的摩擦阻力和列车运行速度无关，而轴承摩擦阻力和列车运行速度呈正比关系。然而，列车运行空气阻力和列车运行速度成平方关系。也就是说，假如列车运行速度提高到原来的2倍，空气

阻力将提高到原来的4倍。

让我们来看一个实例吧。从日本500系新干线列车运行阻力曲线图中可以直观地看出，在130公里/小时以下的速度区间，500系列车的机械阻力大于空气阻力。也就是说，在该速度区间，空气阻力仅占总阻力的一半以下，它对列车的运行并无特别明显的影响。然而，在130公里/小时至300公里/小时的速度区间，空气阻力高于机械阻力，特别是在200公里/小时之后的高速区域，空气阻力在总阻力中所占的比例在70%以上！说得更直接一些，在高速区域，列车的动力输出主要都用来克服空气阻力了。

空气阻力和列车运行速度成平方正比关系。你快2倍，它增至4倍；你快3倍，它增至9倍。你想快上一点，它加倍地阻拦。这个恼人的平方关系，令设计人员可谓绞尽了脑汁。

空气阻力主要由这样三部分组成：一是列车车头迎风受到的正面压力，列车尾部由于空气尾流引起空气稀薄而产生的向后的拉力，这样由于头部及尾部压力差形成的阻力称为压差阻力；二是由于空气黏性而引起的作用于车体表面的摩擦阻力；三是由车辆底架、车顶设备、门窗、车辆间连接风挡等车辆表面凹凸结构引起的干扰阻力。

高速列车车头为什么要设计成流线型呢？其主要目的是为了减小压差阻力。这个设计思想和飞机的外形设计差不多。然而，流线型也是各种各样的。到底什么样的车头形状更合适，设计人员根据空气动力学原理，通过计算机仿真和车头模型风洞试验即让风

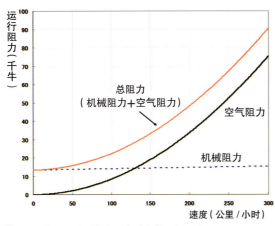

🔺 新干线500系列车在平直道上的运行阻力

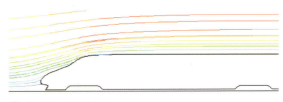

🔺 车头模型风洞试验

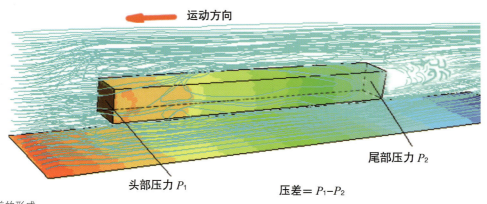

运动方向

尾部压力 P_2

头部压力 P_1

压差 = $P_1 - P_2$

🔺 压差的形成

对其迎头吹送，测试车体周围的气流、气动噪声、气动作用力等参数，来决定最佳的车头流线型。当然，车头形状的设计除了要考虑空气压差阻力外，还得考虑后面要介绍的气动噪声、隧道微气压波等问题，同时，车体的美观大方也是设计人员必须兼顾考虑的。

设备舱

⬆ 高速列车裙板

⬆ 高速列车受电弓导流罩

只要你在站台上稍微注意过高速列车车体，就会发现它有很多和普通列车不一样的地方：车体侧壁几乎没有凹凸不平的地方，车厢底部的各种装置全被光滑平整的"车裙"——裙板罩住，车厢顶部的受电弓也用专门为它定身制作的导流罩保护起来。这一切的努力，主要都是为了减小由空气引起的摩擦阻力和干扰阻力。

（2）气动噪声

在空气中高速前行的列车引起空气流紊乱，从而产生的气动噪声是又一个让人感到烦恼的问题。高速列车气动噪声能量与列车速度的 6~8 次方成正比，如果把列车速度从 200 公里 / 小时提高到 300 公里 / 小时，气动噪声将约提高 10~14 分贝。

因此，如何减小气动噪声是高速列车设计人员必须考虑的又一重大课题。

如何来解决这个问题呢？

根据空气动力学的原理，设计人员把流线型车头设计得尖而长，把车辆断面积尽量减小，同时让车体尽量平整光滑不要出现凹凸的部分。例如，日本 0 系新干线列车的流线型车头长度约为 4.4 米，其后的 100 系又比 0 系长 1.1 米变为 5.5 米，再其后的 300 系则变为 6 米，700 系为 9.2 米，500 系列车的流线型车头竟有 15 米长！从车体断面积来看，0 系为 12.6 平方米，300 系则减小为 11.4 平方米，500 系更小仅为 10.2 平方米，比 0 系的断面积减小了 20%。可见高速列车也像我们现代人一样，不断追求"苗条"和"瘦身"。

为了减小高速列车气动噪声，除车体设

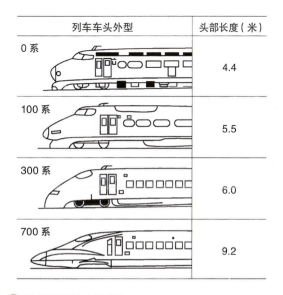

列车车头外型		头部长度（米）
0 系		4.4
100 系		5.5
300 系		6.0
700 系		9.2

⬆ 日本高速列车车头外形

计上下功夫外，还要减小车辆顶部受流系统引起的气动噪声，为此也需要设计人员对受电弓及其周边装置进行优化设计，这一点我们在后面还会讲到。

外风挡

↑ 车厢连接部采用全风挡使列车表面更加光滑平整

（3）微气压波

高速列车进入隧道后，隧道内的空气受到挤压，形成压力波以音速向隧道出口方向快速推进，压力波到达出口时，一部分压力波以脉冲状的形式向四周发射出去，同时产生爆破声，这种波被称为隧道微气压波。据说，微气压波可传递到400米远的地方，对生活在隧道附近的居民来说，这是一个令人讨厌的环境噪声。

微气压波的大小与到达隧道口的压力波波面的压力变化的程度成正比，与到出口的距离成反比。压力变化的程度又与列车进入隧道速度的3次方成正比。一般而言，在短隧道内，微气压波与列车进入隧道速度的3次方成正比；在长大隧道内，无砟轨道结构的微气压波比有砟轨道结构的微气压波要大。

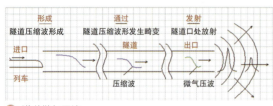

形成	通过	发射
隧道压缩波形成	隧道压缩波形发生畸变	隧道口处放射
进口	隧道	出口
列车	压缩波	微气压波

↑ 隧道微气压波

如何对付隧道微气压波呢？

一般而言，解决微气压波问题主要有4种措施：

——减小列车横断面积与隧道横断面积的比值（术语称作阻塞比），即增大隧道横断面积或减小列车横断面积都是减小微气压波的有效措施；

——在隧道入口处设置缓冲段，使隧道口径逐步变化，从而使压力波变化缓慢；

——在列车车体设计上下功夫，减小车体断面积并对车头流线型进行优化设计；

——利用隧道中的分支坑道，作为压力波的旁通通路。

↑ 设缓冲段的隧道口

（4）列车表面压力波

也许你有过这样的体验：当你在列车内凭窗而坐，正凝神遥望窗外景色的时候，突然，一声呼啸和较强的横向振动让你猛吃一惊，原来是临近轨道有一列列车迎面开来，疾驰而过。这就是铁路常说的"会车"。

列车会车时，相对运动的列车车头对空气形成挤压，便会在列车相会一侧的侧壁上产生压力波。显然，列车速度越高，会车产生的压力波也就越大。高速列车会车时的强烈压力波传入车厢后，会导致车内空气压力变化，如果该压力变化不能控制在一定范围内，会严重影响乘客的舒适度。不仅如此，会车产生的压力波如果过大，还会对列车、线路设施及站场相关人员的安全也带来影响。因此，如何减小高速列车会车时的列车表面压力，是高速列车车体设计者需要考虑的又一个重要技术课题。

一般地，如果高速列车头部流线型越细长，会车时的表面压力波幅值就越可显著减小。除列车头型优化设计外，增加线路的线间距离、降低会车速度也是有效降低会车表面压力的有效手段。

列车在隧道中会车比在明线上会车产生的表面压力波影响更大。影响隧道会车表面压力波的因素包括列车速度、列车长度、阻塞比、两列车进入隧道的时差等。因此，为了将隧道内会车产生的表面压力波控制在一定范围内，合理设定隧道通过速度、阻塞比以及列车进入隧道时差等都是非常重要的研究内容。

4 气密性问题

乘坐过飞机或高层建筑物电梯的人都有过这样的体验：当飞机降落或电梯由高层快速降到低层的时候，耳朵好像被什么东西堵塞住，并伴随有轻微的疼痛，感觉非常不舒服。这样的感受，在我们乘坐高速列车进入隧道时也会遇到。这是什么缘故呢？

原来，当飞机降落、电梯下降或列车进入隧道时，由于外气压力的变化，我们耳腔内侧的空气和外气形成压力差，使耳膜受到压迫，轻者感觉轻微疼痛，重则感觉头晕恶心。

高速列车进入隧道时，隧道内的气压会发生急速变化，从而引起车内气压发生急速变化，这会让车内乘客耳朵感觉相当不舒服；如果车内气压变化过大，甚至有造成乘客耳膜破裂的危险。为了避免这种状况发生，要求将车内气压变化严格控制在一定范围内，其对策是将车体完全密封起来，这种结构叫做气密结构。

将车内气压变化控制在什么范围比较合适呢？各个国家采用的标准不尽相同。例如，日本高速列车密封试验要求，将车体除正常运行时的开放孔外，其他所有开启部位堵塞，车内压力从 4 千帕降至 1 千帕，时间必须大于 50 秒。欧洲高速列车也曾采用过这个标准。现在德国、意大利等国采用压力从 3.6 千帕降至 1.35 千帕，时间超过 18 秒的标准。

要达到气密性标准，不只是客室被密封起来，车窗、车门、车间连接风挡、各种电缆管道、洗手间以及空调排水排污口都需实施相应的密封措施，要求具有良好的密封性。另外，空调新风吸入和废气排放通路，必须考虑在外部压力变化对车内压力变化产生影响时，采取关闭或者自动控制调节措施。

看不见摸不着的空气，它给高速列车带来的麻烦真是不少。为了解决这些问题，设计高速列车的技术人员可谓是煞费苦心了！

↑ CRH2 型动车组的流线型车头

第2节 高速列车转向架

1 什么是转向架？

转向架，一个让人感到多么陌生的名词！

我们第一次接触的很多科技名词，如"电脑"、"机器人"等还可以顾名思义，而单看"转向架"这个词汇，我们还真难揣想它的"庐山真面目"。

转向架对高速列车来说实在是太重要了！那么它到底是个什么样的装置？有什么作用？

我们很熟悉的汽车车轴以及车轴两端的轮胎是直接安装在车体下面的。列车的车轴两端各安装有一个车轮，这两轮一轴总称为轮对。列车的轮对可不可以和汽车一样直接安装在车厢的下部呢？在铁路运输发展初期，由于列车车厢的长度比较小，列车轮对就是直接安装在车厢下部的，车厢重量一般由两个轮对承载。后来，列车车厢尺寸逐渐向长大方向发展，车厢重量也日益增大，如果还是采用两个轮对直接安装在车厢下部的方法，则会造成各轮对承载的重量过大，结果只好增加轮对数量。但轮对数的增加，又带来车厢难于通过小半径曲线的问题，用通俗的话说，就是不好转弯了。

转向架就是在这个背景下诞生的。

19世纪前期，美国率先开发了带转向架的列车。车厢的前后两端坐落在两台转向架上，一台转向架实际上就是把两个轮对（机车也有3个轮对的）通过构架连接起来组成一个小车，由于转向架上的两个轮对的轴距较小，加之车厢和转向架之间通过被称为"心盘"的支承点可以自由回转，所以使得较长的车厢也很容易通过小半径曲线。我们知道，列车是没有方向盘的，列车通过曲线时，转向架可顺着轨道转弯，就像是列车的自动方向盘，这大约就是"转向架"名称的来由了。

转向架实际上是什么样子呢？我们一般很少有机会能看到它的全貌，因为它安装在车厢底部，即使在站台等地方能看见它，也只是它的一个侧影而已。如果你有机会到车辆检修工厂，便可一睹它的尊容了。不过，多半会让你有些失望，它可远没有车体或者车头显得那么舒展、大方、美观。以CRH2型动车组的转向架为例，它长为3416毫米，宽为3102毫米（至空气弹簧筒为止），车轮直径为860毫米，可就在这么一个狭小的空间里，安装有那么多令人眼花缭乱的部件：转向架构架、车轴、车轮、弹簧、制动装置、减振器等，如果是动力车的转向架还安装有牵引电动机、减速齿轮装置……

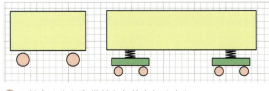

↑ 2轴车（左）和带转向架的车辆（右）

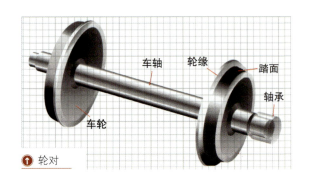

↑ 轮对

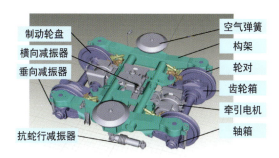

制动轮盘
横向减振器
垂向减振器

空气弹簧
构架
轮对
齿轮箱
牵引电机
轴箱

抗蛇行减振器

（a）动车转向架

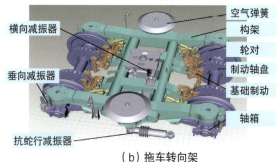

横向减振器

垂向减振器

空气弹簧
构架
轮对
制动轴盘
基础制动
轴箱

抗蛇行减振器

（b）拖车转向架

⬆ 高速列车转向架

既然转向架由这么多的部件组成，看来它的功能还不只限于承载车厢重量和保证车辆顺利通过曲线这两点了。除此之外，它还有些其他什么作用呢？人们都觉得乘坐列车比公共汽车舒适，其实这全靠了转向架上的减振弹簧和减振器保证了车辆运行的平稳性；列车沿着轨道前行，牵引力是靠转向架上的牵引电机和减速齿轮装置来驱动轮对而实现的；列车运行安全也是由转向架上的基础制动装置来保证的……

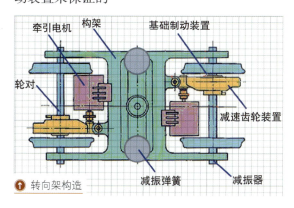

牵引电机
构架
基础制动装置

轮对

减速齿轮装置

减振弹簧
减振器

⬆ 转向架构造

2 过曲线和抗"蛇行"

在高速列车技术日臻成熟的今天，专家们依然在感叹转向架技术之难。转向架技术难在哪里呢？

难就难在设计转向架时，既要考虑防止列车高速运行时的异常振动——蛇行运动，还得兼顾车辆能很好地通过小半径曲线。遗憾的是，设计者要考虑的这两个方面，对转向架结构、尺寸以及悬挂参数选取的要求恰恰相反！

日本在新干线开通前进行高速试验时，试验列车速度超过 200 公里 / 小时后，左右车轮突然发生剧烈的大幅度的左右振动，列车就像一条蛇一样左右蠕动前进——"蛇行运动"发生了。当时试验车辆的一组实测数字如下：蛇行运动发生时，试验车辆的车体左右振动加速度是正常运行时的 10 倍以上，转向架以 4 赫兹（每秒 4 次）的频率呈有规则的波形振动，同时车轮对轨道的横向压力约达 80 千牛 (约 8163 公斤)，轨道严重损坏，列车已经有脱轨的危险！由此我们就可理解，对于高速列车而言，避免这种蛇行运动——专业上称"蛇行失稳"——的发生是多么的重要！

车体或者转向架的蛇行运动为什么会发生？

这种运动的"幕后制造者"竟是我们既熟悉又陌生的车轮的踏面——车轮与钢轨顶面接触部分。说熟悉，是我们谁都看见过车轮；说陌生，是可能多数人并不了解车轮踏面的真正的形状。

400 米跑的田径赛，各个跑道的运动员的起跑点不一样，越是靠内圈的运动员的起点越是靠后一些。为什么要这样设定起跑点呢？

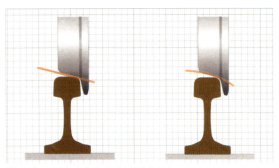

↑ 圆锥踏面（左）和圆弧踏面（右）

如果各跑道的起跑点在同一位置，跑外圈的运动员就会吃亏，因为在跑道的曲线区段，外圈要比内圈距离长。列车过曲线时同样存在同样的问题，线路曲线区段外轨比内轨长，一根车轴和两个车轮组成的轮对，车轮和车轴之间是紧压配合在一起的，我们不可能为左右车轮设置两个不同的起跑点，要想让列车顺利地通过曲线，只好想办法让外轨的车轮多跑一点距离。针对这个问题，铁路技术的先驱者们想出的锦囊妙计是：把车轮的踏面形状设计成圆锥形。

为了防止车轮脱轨和起到导向的作用，车轮的内侧有轮缘。车轮和钢轨顶面接触的部分叫车轮的踏面，踏面有一向外的斜坡。目前，世界各国列车车轮的踏面形状多采用圆锥形。这样，呈圆锥形踏面的车轮通过线路曲线区段时，因离心力的关系，车轮被强

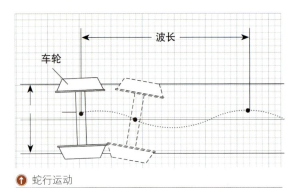

↑ 蛇行运动

行挤向外轨，自然的形成车轮以较大的直径走外轨，以较小的直径走内轨。外轨车轮滚动圆直径较大，车轮运行一周所走的距离相应的也就较长，等于调整了内外圈运动员的起跑点，两个轮子在弯道上就能齐步前进了，这样就保证了轮对能比较顺利地通过线路曲线区段。当然，车轮踏面设计成圆锥形的目的还不仅限于此，它还可以减小踏面的磨耗从而延长车轮使用寿命。还有一点也十分重要，运行过程中轮对出现左右偏移即车体中心线偏离轨道中心线时，它会自动产生使轮对滑向中心线的复原力。

看来，车轮踏面的向外斜坡，对于列车的平稳、顺利地运行是不可或缺的了。然而，以上我们只是看见它的优点，而它的致命缺点正是导致了列车高速运行时会产生蛇行运动！

我们先卸掉车体和转向架构架，来看看只有轮对在轨道上滚动前行时的蛇行运动情形。

因为轨道不平顺等原因，轮对在向前滚动时会发生向左或者向右偏移一点的现象，这样左右车轮在钢轨上的接触点就会发生变化，由于车轮踏面有一定的斜度，左、右车轮滚动圆的半径大小就会不一致，滚动半径大的车轮速度快，另一侧的车轮向前运行速度相应就要慢一些。这样，车轴的方向就会发生变化，车轮就会出现一会儿向左、一会儿向右，并按照一定的振幅向前运行，轮对前行的样子就像一条蛇在轨道上蠕动前行，这就是蛇行运动。可能你已发现，只要车轮踏面形状有一定坡度，如果不采用任何对策，蛇行运动肯定就会产生。也就是说，由于轨道不是绝对平顺的，轮对天生就有产生蛇行运动的"本能"。

实际上，由于轮对是通过弹簧以及减

振装置等安装在转向架上的，所以低速时蛇行运动被弹簧缓冲有效地抑制了。然而，随着列车运行速度的提高，与运行速度呈正比的蛇行运动的频率也就相应提高，这个频率越接近轮对的固有振动频率，就越容易出现自励振动的蛇行运动。这时一旦出现蛇行运动，无论列车速度是进一步提高还是维持一定，蛇行运动的振幅不会衰减反而会逐渐加大，车轮轮缘和钢轨会发生剧烈碰撞，线路和车轮会遭到严重破坏，乘坐舒适度急剧恶化，严重时就会发生脱轨的危险！发生这种蛇行运动现象的极限速度被称为临界速度。

蛇行运动有百害而无一利，那有没有应对的办法呢？

有！只要我们把蛇行运动的临界速度设计成高于列车的最高运行速度并保留一定余量即可。具体可采取的措施有：减小车轮踏面斜度，增加转向架上前、后车轴轴距，增加轴箱的支持刚性（减少其弹性变形），增大车轮直径，优化悬挂参数，扩大轨距，提高轨道的平顺度等等。

然而，在设计转向架时我们又不能只考虑蛇行运动而忽略了曲线通过性能，二者的"利益"是如此对立，设计人员只能尽量平衡两者的"利益"关系，寻找最佳折衷点。做到这一点并不容易，这也是至今让高速铁路转向架设计人员深感头疼的问题。日本 0 系新干线列车的踏面形状也是传统的圆锥形，而 100 系以后的新干线列车采用的是圆弧形——这就是既为了防止蛇行运动又要提高曲线通过能力的结果！

蛇行运动和曲线通过性能对转向架的不同要求

要　素	为克服 蛇行运动要求	重视曲线 通过性能要求
轴　距	大	小
车轮踏面坡度	小	大
轴箱支持刚性	大	小
转向架旋转阻尼	大	小

以上，我们只是对高速转向架运行稳定性技术作了粗略介绍，实际上，高速转向架技术远比前面的介绍要复杂得多，例如平稳性（舒适性）问题、脱轨安全性问题等，感兴趣的读者可以找其他参考书来进一步了解。

第7章

高速列车的牵引传动

GAOSU LIECHE DE QIANYIN CHUANDONG

排球场上必有一位二传手，他在比赛中的作用至关重要。高速列车也有"二传手"，业界称为牵引传动系统，通过它把电网输送来的强大电能转换成机械能传递到车轮，驱动列车前进。高速列车对牵引传动技术的要求是很高的。世界铁路界经过70多年的努力才攻克难关，培养出身手不凡的新"二传手"——交流传动系统，接替叫做直流传动系统的原"二传手"。

交流牵引传动系统包括牵引电机、牵引变压器、牵引变流器和牵引控制系统，是我国引进的高速列车关键技术的重要内容。

对于大多数读者来说，对牵引传动系统想必既觉得有些陌生，也有些神秘吧。毕竟，它不像车体那样在我们心中有一具体的形象，在一般的铁道书刊上也少有关于它的原理介绍。

现在就让我们来一探其究竟吧。

第1节　采用何种牵引电机？

高速列车是靠电动机驱动前进的，驱动列车前进的电动机我们称之为牵引电机。

　　要让数百吨重的列车在线路上高速飞驰，需要的牵引功率是很大的。例如，我国的和谐号 CRH3C 型动车组为 8 辆编组，牵引总功率达 8800 千瓦之多。与我们常见的电力机车不同，CRH3C 的牵引总功率并不是靠一台牵引电机提供的，而是由 16 台功率为 550 千瓦的牵引电机来平均分担的。具体地讲，8 辆编组的 CRH3C 中有 4 辆动车，每一辆动车下面

有 2 个转向架，每个转向架上装有 2 台牵引电机，所以每辆动车下面都有 4 台牵引电机。列车牵引前进时，司机通过司机驾驶台上的司机控制器（简称司控器）向牵引电机的控制装置发出牵引指令，控制装置按照指令控制牵引电机的输出转矩，通过同样安装在转向架上的减速齿轮传递给车轮轮对，车轮受驱动转矩作用后，在车轮和钢轨之间产生黏着力，钢轨对车轮的黏着反作用力形成轮周牵引力，所有动轮（牵引电动机驱动的车轮）的轮周牵引力之和形成列车的总牵引力，驱动列车高速前进。

　　这，就是牵引电机驱动高速列车前进的基本原理。

　　高速列车牵引传动系统由多个基本动力配置单元组成，每个基本动力配置单元由一定数量的主变压器、主变流器、牵引电机、齿轮箱和驱动轮对组成。例如 CRH2A 型动车组，

↑ 行驶中的 CRH3C 型动车组

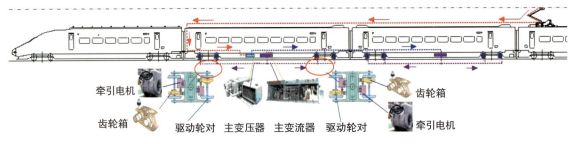

牵引电机　齿轮箱　　　驱动轮对　主变压器　主变流器　驱动轮对　　　　　齿轮箱　牵引电机

⬆ CRH2 牵引传动系统基本动力单元构成

⬆ 行驶中的 CRH2A 型动车组

其能量传输路径为受电弓从接触网受流，通过高压电缆输送到 1 个主变压器，降压后，再分别经由 2 个主变流器，为 4 台转向架共 8 台牵引电机提供能量，通过齿轮传递驱动车轮转动。

但是，上面的介绍中，我们没有说明高速列车到底采用何种形式的牵引电机？也没有说明牵引电机控制装置是如何控制电机转矩的？后一个问题我们下面再说，先来回答第一个问题。

世界上形态各异的高速列车牵引电机共有 3 种：

——直流串励电动机；

——三相交流异步电动机；

——三相交流同步电动机。

那么，这三种电动机各自都应用在哪种

形式的高速列车上呢？

别看世界上高速列车种类众多，识别起来却很简单：

——1988 年以前的高速列车采用直流串励电动机；

——1988 年以后问世的高速列车基本上都采用交流电动机（只有个别例外），其中法国 TGV 系列的绝大多数——包括以 TGV 为原型制造的西班牙的 AVE 和韩国的 KTX——都使用三相交流同步电动机，AGV 采用了永磁同步电动机；而中国、日本、德国等国家则采用三相交流异步电动机。

⬅ 交流异步牵引电机

⬇ 直流牵引电机

第2节 直流传动还是交流传动？

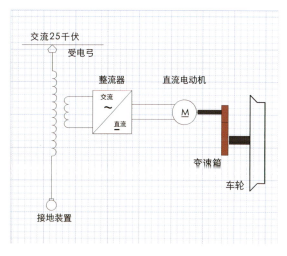

↑ 直流传动系统原理示意图

高速列车的牵引传动系统有两类：一类是采用直流电动机驱动动轮的直流传动系统；另一类是采用交流电动机驱动动轮的交流传动系统。两类传动系统尽管在物理结构和原理上有所不同，但它们的功能是一样的——牵引时，将电能转换成机械能驱动列车前进；制动时，将机械能转换成电能使列车获得制动力。

1988 年以前的高速列车采用直流传动系统。这种传动方式先通过受电弓从接触网上获取高压交流电（例如交流 25 千伏），经车上的牵引变压器降压后，再通过整流器把交流电变换成直流电（交—直流变换），驱动直流牵引电动机，电动机输出的转矩通过减速齿轮传递给轮对，从而获得驱动列车前进的轮周牵引力。由于直流传动系统要经过一次交流到直流的电能变换，因此，有时也把直流传动系统称为"交—直"传动系统。

直流传动系统主要由受电弓（包括高压电气设备）、牵引变压器、整流器、直流电动机、减速齿轮箱（变速箱）等组成。

1988 年以后的高速列车都采用交流传动系统。日本从新干线开业时的 0 系到 100 系、200 系、400 系都采用交—直牵引传动系统，从 300 系开始、500 系、700 系、E1 系、E2 系、E3 系、E4 系均采用了交流传动。法国从 TGV–A 开始采用交流传动，德国一开始从 ICE1 就采用了交流传动。我国的和谐号动车组各种型号也都采用了交流传动系统。

交流传动方式高速列车的受电弓把从接触网获得的单相交流高压电（如交流 25 千

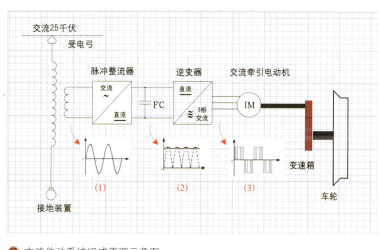

↑ 交流传动系统组成原理示意图

伏）输送给牵引变压器降压，牵引变压器输出的交流电先通过脉冲整流器（PWM整流器）变换成直流电（交流变直流），再通过逆变器（PWM逆变器）将直流电变换成电压、频率可调的三相交流电（直流变交流），最后从逆变器输出三相交流电供给交流牵引电动机，牵引电机输出的转矩通过减速齿轮传递给轮对，从而获得牵引列车前进的轮周牵引力。

　　由于高速列车交流传动系统要经过交—直、直—交两次电能变换，因此，有时也把交流传动称为"交—直—交"传动系统。

　　"交—直"传动和"交—直—交"传动两种传动方式的头一个环节是一样的——都要用牵引变压器将受电弓从接触网得到的高电压变成较低的电压供牵引电机和其他电器使用。然而，它们末一个环节却大不相同：一个使用直流电机牵引列车，一个使用交流电机牵引列车。交流牵引电机比起直流牵引电机来，具有极大的优越性。而为达到使用交流牵引电机驱动机车或动车的目的，铁路专家们付出了极大的努力。

第**3**节 千呼万唤始出来

如今，无论高速列车还是中、低速列车，都已采用交流传动系统，直流传动已成为过时的技术。然而，交流传动技术在铁路上的实用化，却经历了一个漫长而艰辛的过程，千呼万唤始出来……

1 成也萧何，败也萧何

1879 年，在德国柏林工业博览会上，德国人用直流 150 伏 / 2.2 千瓦、两极的直流电动机驱动一台电力机车，牵引着 3 节、每节可乘坐 6 人的车厢前行，从此拉开了世界电气铁道实用化的序幕。从那时算起，其后的差不多一个世纪里，直流电动机一直是驱动列车前进的主角。其间，以交流电动机驱动的电力机车虽几度呼之欲出，终因当时各种技术条件的限制，总是昙花一现，让世界铁路专家们经历了几多希望和失望！

长期选用直流电动机驱动可以说是十分自然而又迫不得已的事情。为什么呢？这就需要我们了解直流电动机的特性了。

我们在中学物理中就已学过直流电动机的基本原理。来看一台最简单的两极直流电动机模型，建立主磁场的主磁极 N 和 S 固定不动，在主磁场中放有一个可转动的线圈（电枢），线圈的首端和末端分别连接到两个圆弧形的铜片上，此铜片称为换向片，换向片之

间彼此绝缘。在换向片上放置着一对固定不动的电刷，当线圈旋转时，线圈通过换向片和电刷与外电路接通，可确保磁极下线圈电流的方向始终不变，其受到磁场的力也始终不变，于是线圈就可以持续旋转了。

实际的直流电动机主磁极用的是电磁铁，它需要励磁线圈（也称励磁绕组）来产生磁场。若励磁线圈与电枢线圈串接在一起，便称为串励式电动机。

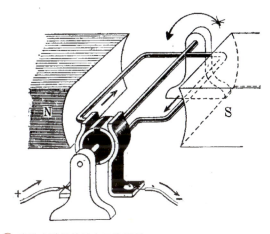

🔺 直流电动机的基本工作原理

20 世纪 90 年代以前，世界上绝大多数列车采用的直流牵引电动机都是串励式的。在各式各样的直流电动机中，为什么直流串励式电动机最受人们的青睐呢？

从直流串励电动机的速度、转矩、效率与电流的关系曲线图中我们可以看出，电动机转速越低（即列车速度越低），其输出的转矩越大，这种特性正好与列车牵引所需的牵引力特性相一致：列车起动加速时，希望有较大的牵引力；中、高速时，只需较小的牵引力即可。关于这个道理，只需想想我们骑自行车时的情景就应该能明白了：刚起动时我们需要费较大的力气，而一旦跑到较高的

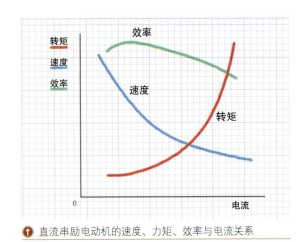

↑ 直流串励电动机的速度、力矩、效率与电流关系

速度后，我们反倒不需要再用多大力了。其次，我们还可以看到，这种电动机在较宽的速度范围内都能在较高效率的状态下工作，功率利用率高。

采用直流串励电动机的另外一个重要原因是：它的调速控制确实容易！串励式电动机的调速方法有两种：一是调节电枢电压或者在电枢电路中接入调速电阻；二是磁场控制，可在励磁绕组两端并联一电阻，通过改变励磁电流进行调速。所以，对于机车上使用的直流牵引电机的调速，我们只需调节它的电枢电压即可达到目的——而这是较为容易做到的！

正因为有上述优点，因此，无论是中低速列车还是高速列车，直流串励式电动机很长时期一直都是宠儿。在世界高速列车中，早期日本的 0 系、100 系、200 系新干线列车，英国的 HST，法国的 TGV-PSE 都采用串励式电动机驱动。

直流串励电动机的控制简单，特性好，这是令人欣慰的。看上去，直流传动技术已经相当不错。但我们还不满足，为什么呢？

"成也萧何，败也萧何"，如果直流电动机没有换向器和电刷的话，它就无法连续地向外输出转矩，然而也正是有了换向器和电刷，注定了直流电动机终将被交流电动机淘汰的命运。因为，对换向器和电刷的维护管理实在是太麻烦了！

交—直牵引传动系统虽然具有直流电机的起动力矩大、只需控制电机电压即可简单地调节电机转速等显著优点；然而，也存在体积庞大和机身笨重等缺点，更为致命的是，直流电机在构造上必须要有电刷和机械换向器，而这两者的使用过程也就是磨损过程，像我们穿的鞋底一样，只要走路就会磨损，走的路越多磨得越快。因此对电刷和机械换向器必须经常维护保养，既费事又费钱！

2 70余年梦想成真

1879 年，德国人用 2.2 千瓦的直流电动机驱动的小型电力机车，揭开了世界电气化铁道的序幕。紧接着，以直流 500 伏以下为电源的路面电车、地铁、无轨电车在欧洲大陆和美国取得迅猛发展，这些车辆全都采用直流串励电动机驱动。从那时起，铁路专家们便已感受到直流电动机换向器与电刷带来的烦恼。

如何才能摆脱这个烦恼呢？

办法是——摒弃直流电动机，采用无需换向器和电刷的交流电动机来驱动！

然而，这个看似简单的梦想，要实现它委实不易。以欧洲为主的铁路专家们以超乎寻常的热情和毅力，差不多奋斗了 70 年左右的时间，才终于抵达了成功的彼岸！

最先带给人们惊喜的是瑞士人和德国人。

1898 年，瑞士人在两条登山铁路上率先采用了三相交流异步电动机驱动。这两条登山铁路采用三相交流供电，利用三相异步电动机的恒速运行特性，驱动列车在陡峭的坡道上运行。据说，这两条登山铁路现在仍在运行，但不知如今是否还能依稀看见一个世纪前的光景？

1899 年，德国人建了一条采用三相三线式交流供电（10 千伏 / 50 赫兹）的试验线，由西门子公司制造的试验机车通过车顶上的三台受电弓受流，来驱动三相异步牵引电动机。1903 年，德国人还在这条试验线上创造了 210 公里 / 小时的世界速度纪录。

似乎，交流电动机驱动的时代已经或即将到来了！

然而，想想看吧：与后来实用化的单相交流供电相比，一条铁路全线采用三相三线交流供电，建设费与维护费该有多高。其次，一台机车上有 3 台受电弓，要保证稳定的受流质量难度可想而知。再有，当时采用的绕线型异步电动机的速度控制需要进行极数切换、转子中接入外加电阻，这真是太麻烦了！总之，从经济性、重量、可靠性、系统维护和控制等多个角度看，要用当时的交流电动机驱动取代直流电动机都还为时尚早。要想让交流电动机驱动得到普及，还有很长的路要走……

经历了这次挫折，欧洲人开始进行干线铁路单相交流供电技术的研发，并很快取得了显著成果。时光刚刚进入 20 世纪，15 千伏 / 16.7 赫兹的单相交流供电技术已在德国、瑞士、奥地利、挪威、瑞典等国得到普及应用。然而，15 千伏 / 16.7 赫兹的交流供电方式与直流供电方式相比，虽有供电电压高，供电电流小的优点，但在牵引变电所，需要专门把交流电的频率由 50 赫兹变换成 16.7 赫兹。如果能省略频率变换装置，直接利用 50 赫兹交流电的话，铁路系统的建设成本将更低，系统也会变得更加简单。

1923 年，匈牙利人率先做了单相工频（50 赫兹）交流供电的尝试。这一年，他们在布达佩斯郊外修建了一条 50 赫兹的单相工频交流供电试验线。这条试验线上的试验机车内设有相数—频率变换装置，用此装置生成频率可调的三相交流电来驱动异步电动机。20 世纪 30 年代，匈牙利的 Ganz 公司对试验机车做适当改进后，制造了 30 台新型机车并投入了商业运行。也许有人会对匈牙利的单相工频交流供电技术领域在世界上先拔头筹略感诧异，毕竟，现在我们很难听到有关匈牙利在铁道方面的消息。然而，在二战结束前，匈牙利确实是世界铁路技术强国之一，要知道，19 世纪末欧洲的第一条地铁就诞生在匈牙利。二战结束后，匈牙利的铁路技术日渐式微，其原因不得而知。

始终对交流电动机驱动抱有浓厚兴趣的德国人，在 1936 至 1940 年之间，对单相工频交流供电、交流电动机驱动进行了大规模的比较试验。正当认真、坚韧的德国人通过这些试验，即将把交流电动机驱动的实用化技术掌握在手中的时候，第二次世界大战的爆发，导致德国人没能走得更远。

二战结束了，作为战胜国的法国进驻德国，在德国既有成果的基础上，法国人彻底掌握了单相工频交流供电技术，并使之成为了世界标准供电方式。同时，法国人也继承了德国人此前的各种驱动方式的比较试验，然而，最受人关注的交流异步电动机驱动，终因旋转式相数变换机过于笨重，除了在少数低速大牵引力运输碳矿石的特殊机车上得到应用外，没能普及应用。

直流电动机驱动方式的地位依然如故！铁路界依旧没能摆脱换向器与电刷带来的烦恼！

转机终于出现了！ 1957 年，全新的电力电子开关器件——晶闸管在美国通用电气公司诞生。从 1960 年代开始，晶闸管在铁道车辆上得到广泛应用，牵引电传动技术从此进入了全新的时代。

晶闸管全称"硅晶体闸流管"，俗称"可控硅"，是一种开通时刻可控的大功率二极管。它具有单向导电的性能，适合用于整流器（把交流电整为直流电）和逆变器（把交流电变为直流电），它的出现有力推动了牵引电传动技术的发展！

在直流电动机驱动领域，晶闸管整流器很快淘汰了可靠性差的水银整流器。由晶闸管构成的斩波调速方式也很快取代了既有的变阻调速方式，电传动系统主电路的触点大大减少了。

在交流电动机驱动领域，晶闸管的问世，让人们看见了交流电动机驱动技术实用化的曙光。从 20 世纪 60 年代初开始，世界各国的大学、企业便开始满怀热情地研究利用由晶闸管构成的逆变器来控制交流电动机驱动的技术。

——1965 年，英国的 Brush 公司开始做由 1 台逆变器控制 4 台 168 千瓦异步电动机的试验。逆变器的开关器件用的便是晶闸管。当时的逆变器只能改变输出频率，还没有改变输出电压的功能，所以电机端电压的变换是通过电机绕组的星—三角形变换来实现的。

——1968 年，前苏联进行了交流同步电机和异步电机驱动控制的比较试验。

——1972 年，由日本日立公司试制的交流同步电机驱动系统安装在 791 型动力分散式列车上进行了运行试验。

然而，这些国家的挑战只是让人们看见

了希望的曙光，离真正的交流电动机驱动实用化尚有一定的距离……

最终抵达成功彼岸的是德国人。

从 1965 年开始，德国的 BBC 公司便着手研发异步电动机驱动的干线电力机车。经过大量的试验台试验后，1971 年，BBC 公司与车辆制造厂亨舍尔（Henschel）合作研制了 DE2500 型交流传动内燃机车。在 DE2500 型机车问世之前，世界各国交流电动机驱动技术的探索始终未能逃脱试验性质的范畴，而 DE2500 型机车完全达到了实用化的水平！1973 年，BBC 公司与亨舍尔公司又制造了 2 台 DE2500 型机车。

DE2500 型机车因此成为世界交流传动机车的先驱！

德国人从 1899 年开始的交流电动机驱动试验到 DE2500 的问世，尔来七十二年矣！遥想 DE2500 型机车最初起动运行的瞬间，德国专家该是何等地欣喜若狂，该是何等地感慨万千！德国专家们在技术上矢志不渝的追求，的确令人叹服！

DE2500 型机车成功后，BBC 公司又在技术上不断改进。1979 年，BBC 公司与联邦德

↑ 德国 DE2500 交流传动内燃机车

↑ 晶闸管

交流电机驱动发展概要

年　份	事　件
1879年	直流电动机驱动的小型电力机车在德国问世,电气化铁路诞生
1898年	瑞士的登山铁道,采用三相交流供电、交流异步电动机驱动
1899年	德国修建10千伏/50赫兹的三相三线式交流供电试验线,由西门子研制的交流异步电动机驱动的电力机车在该线上试验运行。1903年,试验机车创造了210.2公里/小时最高速度纪录
1904年	瑞士实现15千伏/50赫兹的单相交流供电。其后,15千伏/赫兹的单相交流供电在德国、瑞典、奥地利等国得到普及
1923年	匈牙利在布达佩斯的郊外修建15千伏/50赫兹的单相工频交流供电的试验线,试验机车采用交流异步电动机驱动
1936~1940年	德国在20千伏/50赫兹的单相交流供申的试验线卜,对异步电动机驱动、交流整流子电动机、直流电动机驱动的3种方式的机车进行了大规模的运行比较试验
1950年	法国开始继承学习二战战败国德国的单相工频交流供电技术,实现了25千伏/50赫兹交流供电实用化
1953年	日本在学习德国交流供电技术的基础上,开始自主研发交流供电技术
1965年	英国Brush公司试制了逆变器控制、绕线式异步电动机驱动的"Hawk"电传动内燃机车
1968年	前苏联研制了用周波变频器控制、同步电动机驱动的WL80B型和异步电动机驱动WL80K型电力机车,并对两种驱动方式进行了比较试验
1971年	德国BBC公司与亨舍尔公司合作研制成功DE2500型电传动内燃机车,成为世界交流电机驱动实用化的先驱 日本开始逆变器控制、同步电动机驱动研究,1972年装置在791型电动车组上进行了试验,未能实用化
1975年	德国西门子公司研制的电流源型逆变器控制、异步电机驱动在德国地铁车辆上实用化
1982年	交流传动技术在日本得到实用化,采用交流电动机驱动的路面电车在熊本市投入运行
1989年	采用同步电动机驱动的法国TGV-A高速动车组投入运行。TGV-A是世界上首次采用交流电机驱动的高速列车
1992年	采用三相异步电动机驱动的日本300系新干线列车投入运行,世界高速列车首次采用再生制动技术

国国铁合作,研制了5台5600千瓦的E120型新型电力机车。E120型机车最为引人注目的技术是,在世界上它首次将四象限脉冲整流器成功地应用到机车上,这为德国后来研发ICE系列高速列车奠定了坚实的基础。四象限脉冲整流器除有将单相交流电整流为直流的功能外,还能使网侧功率因数基本达到1.0,且可使电网电流接近正弦,减少谐波的影响。此外,它还可以自由地控制能量的双向流动,简单地实现列车牵引与再生制动的转换。如今,四象限脉冲整流器已是采用交—直—交电传动方式的高速动车组不可或缺的一个装置。

BBC公司的成功,极大地推动了世界交流传动技术的实用化。从1975年开始,由西门子、AEG等公司研制的电流源型、电压源型逆变器控制的交流电机驱动技术在欧洲各地的城市轨道交通车辆上得到普及应用。

自此,交流电机驱动技术的应用之门已全面开启。"长江后浪推前浪",直流电机驱动技术遂成为落伍的技术。

也许还应该提到作为铁路技术先进国家的法国和日本在交流传动技术方面的情形。法、日都比德国稍晚一步,1976年,法国试制了利用负载换流的同步电动机驱动的机车。世界高速动车组中,1989年投入运行的法国TGV-A首先采用了交流同步电动机驱动技术。日本于1982年在熊本路面电车上实现了交流电机驱动技术的实用化,1992年300系新干线列车开始采用交流传动技术。

第4节 妙哉！交流传动

交流传动取代直流传动，在列车牵引技术发展史上具有里程碑式的意义。人们发现：原来交流牵引传动系统（主电路）的维护管理可以变得如此轻松；与直流电动机相比，交流电机既轻巧而又动力十足；节能环保的再生制动是如此容易实现；空转、滑行再黏着的控制性能也明显改善了……

接下来，让我们稍微详细地看一下交流传动技术的一些主要优点吧。

1 可靠性高、维修简便

在铁路运营公司的眼中，交流传动系统的最大魅力在于其可靠性高、维修简便。如今，世界上绝大多数列车都采用三相交流异步电动机作为牵引电机。为什么异步电动机比直流电动机的可靠性高呢？关键就在于，它结构简单，无换向器和电刷装置，除轴承之外无其他摩擦部件。而且，交流传动系统的主电路在列车运行过程中，无论是电机的牵引与再生制动的控制，还是牵引状态与再生制动状态之间的切换，均由无触点电子元件完成，主电路本身的结构不会发生任何变化！同时，随着各种机器装置的模块化、标准化的逐步形成，装置的可靠性进一步得到提高，系统的维修也变得更加简单。还应该特别提

及的是，随着交流电机数字化控制技术的飞速发展，如今的交流传动系统，软件已逐渐成为控制的主体，控制算法的变更、参数设定、各种调节等已无需像直流传动时代那样需要作硬件上的变更，而只需改写相关软件程序便可达到目的。这一点，无论对制造厂家还是用户而言，负担都大大减轻了！

2 列车性能大大提高

交流传动技术实用化后，人们发现，在交流电动机面前，原来的直流牵引电动机显得笨重而又乏力。请看300系与100系新干线列车的牵引电机的合影。图中左边是100系的直流串励电动机，右边是300系的三相交流异步电动机。我们可以直观地看到，300系的电机个头小多了，不过，它的功率却比100系的要大得多：大个子100系电机功率为230千瓦，小个子300系电机功率却为300千瓦。

↑ 日本100系高速列车的直流电动机（左）与300系高速列车的三相交流异步电动机（右）

由于异步电动机没有换向器和电刷，其机械转速不受换向条件和机械强度的限制，在通风冷却能力和转子结构容许的范围内，其额定转速和最高转速都可以设得比直流电动机高得多，近年，牵引异步电动机的最高转速已可达每分钟7000转左右，即每秒转116转。我们知道，决定电动机质量的一个主要因素是额

定转速。异步电动机的额定转速比直流电动机高，所以在同等输出功率的条件下，异步电动机的重量更轻、体积更小。反之，在同等体积的条件下，异步电动机的输出功率就更大。

直流电动机与交流电动机的比较

	200系直流电动机	700系三相异步电动机
连续额定功率（千瓦）	230	275
额定转速（转/分钟）	2200	3000
冷却方式	强迫通风	强迫通风
重量（公斤）	935	390
绝缘等级	耐温低	耐温高

交流传动系统在提高列车性能方面的第二个表现是再生制动的充分利用上。列车制动时，从最高速到低速乃至列车停止为止，交流传动系统能高速、精确地利用再生制动力，达到节能运行的目的。同时，也有效地减轻了机械空气制动装置的负担。以日本新干线列车为例，采用交流传动的列车一般从最高速（如300公里/小时）到25公里/小时左右为止，都是靠再生制动力来让列车制动减速的，而早期采用直流传动的0系、100系等新干线列车的电制动则采用电阻制动，电阻制动时列车的动能被转化为热能散发到大气中，白白耗掉了。

交流传动系统还提高了列车的黏着性能。与直流传动系统相比，高性能的异步电机控制技术，使列车的轮轨黏着性能得到了很大的改善。此外，由于交流传动系统在列车运行过程中，无需像直流传动系统那样对主电路的牵引电机进行串联—并联的切换，主电路的构成变得相当自由，可以根据对系统的冗余性、可靠性或者黏着性能的要求用1台逆变器控制8台、4台、2台或者1台牵引电机，任选一种方式均可。

3 为环保做出贡献

在网络化时代的今天，我们享受着前所未有的现代物质文明。然而，我们日益便捷的生活却是建立在地球莫大的牺牲之上的。其结果是，我们赖以生存的自然环境也正以前所未有的速度在遭到破坏，于是，节能与环保已成为全人类共同的课题！

交通系统对环境的影响，自然也在人们的关心范围内。

众所周知，在各种交通方式中，从能耗、废气排放、噪声、振动等多个评价项目来看，铁路交通都是节能与环保的优等生。那么，交流传动系统对节能环保的贡献又如何呢？再生制动的充分利用，牵引传动装置的轻量化，使铁路交通在节能运行方面的优点更加明显了。环保方面，黏着性能的提高有效地抑制了车轮部分磨平现象的发生，列车运行的噪声和振动更小了。同时，再生制动的利用大大地减轻了机械摩擦空气制动装置的负担，飞散在空气中的磨耗铁粉更少了，带给人们的是更加清洁的空气！

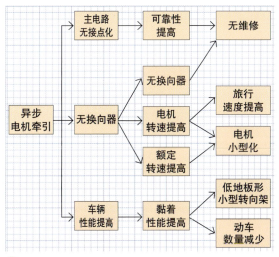

⬆ 交流异步电动机驱动的优点

第5节 交流传动揭秘

交流传动系统如此了不起，其奥秘在于交流异步电动机、逆变器、脉冲整流器以及异步电动机的矢量控制等技术上。

↑ 异步电动机的定子

1 三相交流异步电动机

一说起电动机，总令人有些既熟悉又陌生的感觉。说熟悉，谁没见过电动机呢？电动剃须刀中就有电动机。电动机最基本的原理，我们早在中学物理中就学过了。说陌生，随便拿起一本电动机方面的专业书，那些复杂的磁场分析、令人眼花缭乱的数学公式，总让人难以琢磨。至于列车的牵引电动机，就更让人有渺远的感觉了。牵引电动机有哪些与众不同的地方？牵引与制动状态为什么可以简单地进行切换呢？

（1）异步电动机的结构

我们一般情况下看见的都只是电动机的外表，圆筒形外壳遮盖下的内部是什么样子，也许很多人并没有见过。高速列车的牵引电机，除了法国对同步电动机情有独钟外，其他国家基本上都用异步电动机。且让我们先来看看异步电动机的结构。

异步电动机也叫感应电动机，为什么称作"异步"？又为什么叫"感应"？我们等下再说。先来看一下异步电动机的主要结构，

它由定子和转子两部分组成，定子和转子之间是很薄的气隙。此外，还有两端的端盖、转轴的轴承等部件。

——定子

所谓定子，顾名思义就是异步电动机固定不动的部分，它由定子铁芯、定子绕组（即线圈）和机座三部分组成。

↑ 定子绕组（左）与铁芯硅钢片（右）

无论什么形式的电动机，其基本原理都相同：由电流与磁场相互作用而产生电磁转矩。

定子铁芯是异步电动机主磁路的一部分，它由厚0.5毫米左右的硅钢片叠压而成，每片硅钢片的两面都涂有绝缘漆作为片间绝缘。为什么不用一整块铁，而偏要用薄薄的很多块硅钢片叠压做成铁芯呢？答案是：为了减小硅钢片的厚度，增大它的电阻率，从而达到减少铁芯中的涡流和磁滞损耗的目的。

定子绕组在哪儿安家呢？它被嵌放在定子铁芯内圆内的多个形状相同的槽里，动力分散式高速列车的异步电动机一般采用三相、4 极、定子内圆上冲有 36 个槽，定子绕组一般采用双层绕组，即在一个槽内有上、下两个线圈边，绕组一般都按星形接法联接。

机座不用说，是电动机的外壳，起支撑电机的作用。

——转子

异步电动机的转子也由三部分组成：转子铁芯、转子绕组和转轴。和定子铁芯一样，转子铁芯同样由薄薄的硅钢片叠压而成的，也是主磁路的一部分，铁芯固定在转轴上。

转子绕组有两种类型：一种是绕线式，另外一种是鼠笼式。

绕线式把三相转子绕组嵌在转子铁芯的槽内，绕组的三根引出线接到设置在转轴上的三个集电环上，再通过电刷引出，这样，就可以在转子绕组中接入外加电阻，从而达到改善电动机的起动特性和调节转速的目的。

而鼠笼式的绕组实在有些别致。它在转子铁芯各槽里有一根铝或铜材料的导条，在铁芯的两端有两个环形端环，端环和各槽中的导条连接在一起，形成一个短接的回路。为什么称为鼠笼式呢？如果我们拿掉转子铁芯，由导条和端环构成的形状可不就像一个松鼠笼子？

不难看出，绕线式异步电动机的结构相对复杂，价格上稍贵，而鼠笼式异步电动机却结构简单、坚固耐用、容易制造。在电力电子技术还不发达，牵引电机控制技术还较落后的交流传动技术的探索期，绕线式异步电动机曾经扮演过重要的角色。后来，随着逆变器技术的成熟，异步电动机小电流起动和调速控制都变得非常简单了，在此背景下，鼠笼式异步电动机自然成为人们的首选，于是绕线式电动机彻底失宠了！本书以后提到的异步电动机，除非特别说明，都是指鼠笼式异步电动机。

牵引异步电动机的定子和转子之间的气隙比直流电动机要小，仅有 2 毫米左右。气隙越小，励磁电流也就越小，电机的功率因数越高。然而，凡事有利必有弊，气隙小却不利于冷却风的流动，会影响电机的冷却效果。为了弥补小气隙对电机冷却带来的负面影响，一般在转子上开挖冷却通风孔来解决这一问题。

（2）异步电动机如何能旋转？

异步电动机是如何旋转起来的呢？如果把正弦三相对称电源加到三相定子绕组上，就会在气隙中产生一个旋转的磁场，其转速我们叫做同步转速。

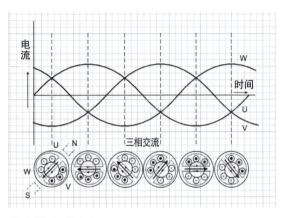

🔺 异步电动机的转子（左）与鼠笼式绕组（右）

🔺 旋转磁场的产生

同步转速的大小和什么有关呢？它的大小仅由电源频率和电机绕组极对数决定，具体说是与电源频率成正比，与绕组极对数成反比。

要想改变异步电动机的转速，要么是改变电源频率，或者是改变电机极对数，不用说，改变电源频率要省事得多。

旋转磁场产生了，我们先看看初始时转子处于静止状态的情形吧。

假定气隙内旋转磁场沿逆时针方向旋转，磁力线方向大致顺着转子的直径方向，磁场从转子导条上扫过，由于导条是短路的（这得感谢转子端环的作用），导条中就会有感应电流流过，感应电流与气隙磁场相互作用，根据左手定则，将会在转子上产生一个与同步旋转磁场方向相同的电磁转矩。这个电磁转矩只要能克服加在转子上的负载转矩（牵引电动机的负载就是减速齿轮了），转子就会转动起来！转子越转越快，直到电磁转矩与负载转矩达到平衡，然后稳定在一定的转速上运行。自然，此时的转子转速肯定是小于同步转速的，为什么呢？假如转子转速提高到与同步转速相等的话，转

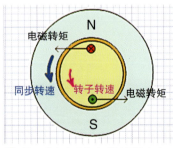

↑ 转子感应电流和电磁转矩的产生

子与旋转磁场之间便没有相对运动，转子中就不会产生感应电流，即电磁转矩为——零！

也许你已经看出来了，异步电动机之所以能够输出电磁转矩，其秘密就在于：转子的转速总是低于同步转速！

两者不能"同步"，一旦同步就没有电磁转矩输出。所谓"异步"电动机的称谓，就来源

于此。又因为转子电流不像直流电动机那样靠外部电源提供，而是靠在旋转磁场中"感应"得来，因此异步电动机又常被称为感应电动机。

三相异步电动机转子的转速低于旋转磁场的转速，转子绕组因与磁场间存在着相对运动而感生电动势和电流，并与磁场相互作用产生电磁转矩，实现能量变换。

显然，异步电动机的转子感应电流与电磁力矩的大小是与旋转磁场的同步转速以及转子转速密切相关的。我们把同步转速与转子转速之差称为转差，转差与同步转速之比值称为转差率，它反映了异步电机异步的程度。当同步转速大于转子转速时，转差率大于零；当同步转速小于转子转速时，转差率小于零，为负值。

转差与转差率的概念非常重要，异步电动机如何工作的实质也尽在其中了！

（3）异步电机如何变发电机？

仿佛川剧中的"变脸"，牵引异步电动机可以在一个瞬间摇身一变，以另外一副面孔示人——它变成发电机啦！在高速列车运行过程中，我们何时希望异步电动机"变脸"呢？——在列车需要制动减速的时候，异步电动机就变成发电机了，把列车的动能变为电能返送回电网，从而获得电制动力，同时实现了能量的再生利用。

"变脸"是川剧的绝活，据说是从不外传的，所以外人永远难知其中的秘密。然而，异步电动机的"变脸"却是公开的秘密：我们只需使转子转速比旋转磁场的同步转速转得更快一些就可以了，也就是说让转差率为负值即可！也许有人会问，这容易实现吗？非常容易的。通过电机端部的速度传感器，我们可以随时知道转子的转速，而旋转磁场的同步转速可以通过改

变电源频率来控制，因此，我们只要让同步转速始终低于转子转速就行了！

当转差率为负值时，转子导条中的感应电动势以及感应电流的方向与电动机状态时正好相反，因此，电磁转矩的方向与旋转磁场及转子转向相反。在这种带制动性质的电磁转矩的作用下，不难理解，列车自然会制动减速了。

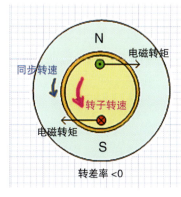

🔶 再生制动工作状态

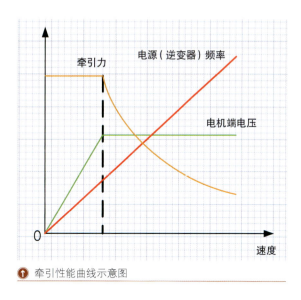

🔶 牵引性能曲线示意图

2 异步电机需要何种电源？

交流传动技术从早期的探索到实用化，竟用了 70 年左右的时间！是什么原因让这项技术的研发显得如此步履沉缓呢？问题不在于交流电动机本身，而在于驱动电机的电源。交流牵引电机对电源的要求委实有些特殊：电压要可调，频率也要可调！

为什么需要这样的电源呢？

从高速列车的牵引性能曲线示意图中可以看到，在牵引力控制过程中，牵引电机的电源输出电压和频率是随列车速度的变化而不断变化的，也就是说，牵引电机输出转矩和速度的控制，需要一种能够同时控制电压幅值和频率的交流电源。

电机转速与列车运行速度是一一对应的，成正比关系，列车速度的变化实际上就是通过电机转速的变化来实现的。前面说过，对鼠笼式异步电动机的调速而言，可通过变极

对数或变电源频率来实现，显然，后者实现起来要容易得多。这就是我们希望有频率可调的电源的原因。

光是频率可调还不能令异步牵引电机满意，它还希望驱动它的电源电压也可调。

牵引电机的电磁转矩是通过气隙磁场与转子电流的相互作用产生的，那么，电机工作时希望它的气隙磁通最好维持在额定值上。如果磁通太小，电机铁芯就有些屈才，不能得到充分利用；磁通太大，铁芯又显得有些不堪重负，会出现磁饱和，从而导致需要的励磁电流增大，磁滞损耗增大，电机温度升高，严重时甚至会损坏电机。

其实，要维持气隙磁通不变也不难。在实际控制过程中，如果忽略定子绕组的电抗压降，只需维持电机电压与频率之比为一定值即可实现。

电压可调，频率可调，这样的电源是牵引异步电动机所需要的。进入 20 世纪 70 年代后，这样的电源——VVVF 逆变器——终于走向了实用化，开启了交流传动技术全面取

代直流传动技术的序幕。

VVVF 是英文 Variable Voltage Variable Frequency 的缩写，意即可调压可调频。

VVVF 逆变器的诞生是建立在电力电子开关器件新技术之上的，没有电力电子开关器件技术的飞速发展，也就没有 VVVF 逆变器的问世。

3 什么叫逆变器？

首先，我们应该弄清楚逆变器"逆变"二字的含义。逆变和整流是对应的。

世间有直流电和交流电，这是很多人都知道的常识。实际应用中，很多时候需要我们对交流（AC）和直流（DC）的电能进行互相转换，概括起来，其转换形式有 4 种：

（1）交流→直流，这是一般人都很熟悉的一种变换，称之为"整流"；

（2）直流→交流，这种变换就称之为"逆变"；

（3）直流→直流，这种变换借助斩波器既可以让直流电压升高，也可以让直流电压降低；

（4）交流→交流，这种方式可通过周波变换器把高频交流电变换为低频交流电，或者让电压固定的交流电变为电压可调的交流电。

上述 4 种变换方式，在实际中都已得到广泛的应用。这里，我们不去逐一展开说了，我们的焦点只是"逆变"即直流变交流这种方式。

由于逆变器总是披着一层"现代电力电子技术"的面纱，所以总给人有些高深莫测之感。其实，逆变器不过是一种把直流电源变换成为交流电源的装置，所依靠的仅是 6 个开关而已！

但这 6 个开关可不是普通的机械开关，普通的机械开关根本无法实现高电压、大电流的快速通断，只有像 GTO（门极可关断晶闸管）、IGBT（绝缘栅双极型晶体管）等高性能的电力电子开关器件才能满足要求。不过，尽管 GTO 或者 IGBT 属于高科技的产品，它们终竟也只是一种开关而已。因此，图中还是用几个开关符号来代替这些电力电子开关器件。

↑ 电力电子开关器件 GTO 及其符号

↑ 电力电子开关器件 IGBT 及其符号

4 逆变器如何"变戏法"？

逆变器要把直流电变成交流电，这不是"变戏法"吗？我们先看看由逆变器输出给异步电机的线电压波形实际上是什么样的？啊！原来是周期性的矩形脉冲波，与我们印象中漂亮的正弦波实在有些相去甚远！这样的矩形电压脉冲波也能够驱动异步牵引电机旋转吗？

对于这个问题，傅利叶级数给出了漂亮的回答。答案是：能！傅利叶级数告诉我们，凡是周期函数都可以用一系列三角函数（正弦函

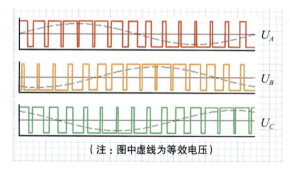

（注：图中虚线为等效电压）

逆变器的输出波形

数）的相加来表示。同理，VVVF逆变器输出的矩形脉冲波形电压同样也可看作一些正弦波形的合成，换句话说，矩形脉冲波由基波（一次谐波）和无数的高次谐波叠加组成，这些谐波都是正弦波，仅频率、振幅等不同，高次谐波的频率是基波频率的整数倍。但就各次谐波对电动机产生的电磁转矩而言，起主要作用的是包括基波在内的低次谐波。高次谐波的影响实际上很小，可以不考虑。为什么呢？因为谐波次数越高，即频率越高，那么在电机等效电路中的阻抗值就越大，电路中的电流就越小。而且，一般谐波次数越高，其电压幅值也越小。

当然，对于驱动电动机而言，基波才是我们真正想要的，其他的高次谐波只会给电机驱动带来麻烦。什么样的麻烦呢？高次谐波会导致电机的转矩脉动，产生令人不快的电磁噪声，还会使电机的效率与功率因数降低。所以，尽量减少谐波始终是逆变器专家们追求的目标之一。

那么，驱动电机的矩形脉冲波是怎样得到的呢？

在电压源型逆变器的基本电路构成示意图中，U、V、W三相各自连接一个桥臂，同一桥臂上、下有两个开关。显然，同一桥臂上、下两个开关不能同时导通，那样会造成直流电源短路，此点可谓控制电压型逆变器开关器件通断的铁定的原则。为说明问题，我们先让6个开关按照如下的规律均衡地轮流导通：

——6个开关从SU1开始导通，然后每隔60度电度角依次导通SW2、SV1、SU2、SW1、SV2；

——各开关导通时间为180度电度角，然后就断开。同一桥臂上、下两个开关无论何时不能同时导通，例如当SU1导通时，SU2就处于关断状态，反之亦然。

这样，我们从U、V、W三相与接地点G之间的电压相互叠加就可以得到三相线电压了。例如，用U相（U-G）电压与V相（V-G）电压相叠加就得到U-V的线电压。看得出，逆变器已经把输入的直流电压已经变成了矩形波（有波动起伏的矩形）状的线电压，还真有点儿类似正弦波；直流电也变成了相位互差120度的三相交流电了！

电压源型逆变器的基本电路构成示意图

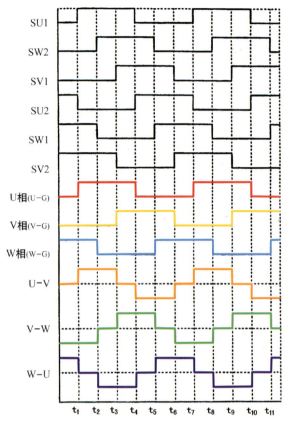

↑ 逆变器各相动作与输出电压

5 改善逆变器输出波形

以上得到的波形有点儿类似正弦波，但只是"有点儿"而已，说它是正弦波，也只是个方头方脑的正弦波，不像真正的正弦波那样圆滑流畅。假如，我们就用上述逆变器线电压去驱动异步电动机，驱动本身没有问题，但电机工作性能不会太好。为什么呢？因为，这样的矩形波含有大量谐波，输出的电机转矩会存在较大的脉动分量。正如前面所讲，谐波对电机驱动有百害而无一益。因此，实际上逆变器的输出波形并非如此。

为改善输出波形，我们还应在控制6个开关器件的通断上下功夫，使电压输出波形近似地按照正弦规律变化，尽量减少谐波含

量，特别是低次谐波。按照这种设想登场的是基于 SPWM 控制技术的逆变器！

SPWM 的英文全拼是 Sinusoidal Pulse Width Modulation，意为"正弦脉宽调制"。倘若我们是第一次接触"正弦脉宽调制"这个术语，或许多少有些担心，它会不会含有很多令我们难于理解的玄机？完全不用担心。说起来，SPWM 技术的基本思想真是再简单不过：它用一系列等幅不等宽的脉冲波——所谓的 SPWM 波形，来等效正弦波。

用 SPWM 波形来等效我们见惯的正弦波？这似乎还是令人有些迷惑不解。且看，我们先把正弦半波分成 n 等份，然后每一等份都用一个幅值彼此相等而宽度不同的脉冲来代替。自然，各个矩形脉冲的中点和宽度都不是随意给定的：我们让各脉冲的中点与所对应的正弦波部份的中点重合，让脉冲的

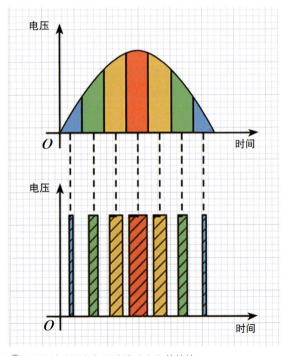

↑ SPWM 波（下）与正弦波（上）的等效

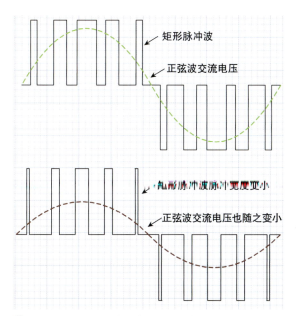

通过改变脉冲宽度来调节输出电压的大小

宽度值按照正弦规律变化，且各脉冲的面积与相应的正弦波曲线与横轴包围的面积相等。根据采样控制理论中的面积等效原理可知，这 n 个矩形脉冲是与正弦半波等效的。同理，正弦波的负半周也同样可以用 SPWM 波形来代替。我们把这样的矩形脉冲波就称作 SPWM 波形，它的作用就等效于一个正弦波。

知道了正弦脉宽调制技术的基本原理，我们就可以很容易想到 VVVF 逆变器调压的方法了：驱动电机所需的等效正弦波交流电压的大小可通过改变脉冲的宽度来实现！

回过头来再看，我们想得到驱动电机的 SPWM 波，要靠控制逆变器的 6 个开关器件协调动作来得到。那么如何控制呢？这回可不是简单地让它们均衡地轮流导通了。

在正弦脉宽调制方法中，我们利用正弦波作为调制波，受它调制的信号称为载波，将调制波与等腰三角形载波进行比较，如果在交点时刻对逆变器的开关器件的通断进行

控制的话，就可以得到宽度正比于调制波（正弦波）幅值的 SPWM 波了。

如图所示，U、V、W 三相的调制信号依次相差 120 度。由于 U、V、W 各相开关器件的通断控制规律完全相同，现以 U 相为例来说明。当 U 相的正弦调制波电压大于等腰三角形载波电压时，使 U 相的上桥臂 SU1 开关导通，下桥臂 SU2 开关关断，则 U 相相对于接地 G 点的输出电压为 Uug；反之，当调制波电压小于载波电压时，使 SU1 关断，SU2 导通，则 U 相的输出电压为零。

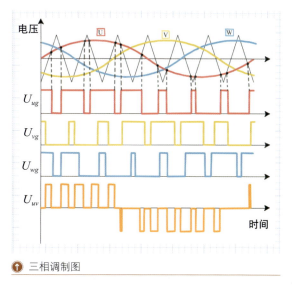

三相调制图

你看，VVVF 逆变器的调压调频有多么的简单：增大或减小正弦调制波的幅值，则各段脉冲的宽度也相应的增大或减小，自然，输出电压的基波幅值也就增大或减小了，这就实现了调压；改变正弦调制波的频率，则输出电压的基波频率也随之改变，这就实现了调频。输出电压完全受正弦调制波控制。

6 脉冲整流器

交流传动系统牵引变压器输出的是单相

交流电，而给牵引电机供电的逆变器的输入为直流电，因此，在牵引变压器与逆变器之间，还需要整流装置将二者联系起来。传统的整流器是用二极管桥或晶闸管来整流，但是这样的整流器会带来两个问题：一是输入电网的谐波很大；二是功率因数很低。为了克服这些缺点，同时也依靠全控型电力电子器件的发展，现代高速列车都采用脉冲整流器。

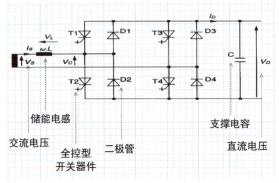

↑ 脉冲整流器主电路图

脉冲整流器在牵引时将单相交流电整流为直流电；在再生制动时它作为逆变器将直流电转变为交流电。它的显著特点是，通过有效控制，牵引时交流侧输入功率因数接近1.0，制动时功率因数几乎可达 −1.0。

7 奇妙的矢量控制

如今，直流电机牵引技术早已不是人们关注的焦点，交流异步电机牵引技术才是人们的宠儿。不过，别看直流电机牵引有些过时，但它也有交流异步电机牵引无法比拟的优点，那就是——直流电动机的控制非常简单、精确！

为什么呢？因为，直流电动机的转子（电枢）与固定的主磁通始终是正交的。直流电动机的主磁通基本上唯一地由励磁电流决定，主磁通的大小与方向以及转子电流的大小与方向完全在我们的掌控之内。由于主磁通与转子电流始终保持正交关系，因此，电机转矩与励磁电流（代表着主磁通）和转子电流都成正比，我们只需对励磁电流和转子电流进行控制就可以对电机转矩进行控制了。而且，由于转子电流可从电机外部独立地检测出来，因此，直流电动机的转矩控制非常简单、精确！

相比之下，交流异步电动机的情形可就完全两样。主磁通与转子电流正交、主磁通恒定（弱磁控制时除外）、转子电流可以独立检测控制，这些直流电动机的特点在异步电动机身上可谓荡然无存！

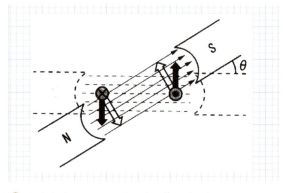

↑ 异步电动机主磁通与转子电流的关系示意图

——由于转子电流是靠主磁通转过一定角度之后，转子切割磁力线才产生的，因此异步电动机的主磁通与转子电流不像直流电动机那样始终维持正交关系。

——由于异步电动机只有一个三相输入电源，磁通的建立和转速变化是同时进行的，因此要想维持主磁通一定，要使系统获得良好的动态性能，我们还得对磁通进行专门的控制才行。

——我们能够直接检测到异步电动机的定子电流，而转子电流作为定子电流的感应分量, 其大小与方向都不再是我们能够直接观测到的了。

总而言之, 异步电动机的磁通大小和方向、转子电流的大小和方向是不容易把握的, 很难像直流电动机那样简单地对转矩进行精确控制。

那么, 有没有什么妙计, 让异步电动机的转矩控制像直流电动机一样简单呢? 有的, 那就是矢量控制。

矢量控制的基本思路是把异步电动机模型经过坐标变换, 使其等效成直流电动机模型, 模仿直流电动机的控制策略, 得到等效直流电动机的控制量, 经过相应的坐标反变换, 就能够控制异步电动机了。

我们知道, 给异步电动机三相对称的定子绕组 U、V、W 通上三相平衡的正弦交流电, 就会产生一个合成的旋转磁动势 F3, 这个磁动势在空间的强弱呈正弦曲线分布, 以同步角速度顺着 U–V–W 的相序旋转。

异步电动机的输入是三相交流电, 各相之间又互差 120 度相位角, 产生的磁动势又是旋转的, 这些量之间的关系令人有眼花缭乱之感。能不能更简化一些呢? 可以的。产生旋转磁动势可不是对称三相交流电的专利, 对称的两相、四相交流电同样可以产生旋转磁动势。为了使问题最大程度地简单化, 我们不妨选取两相交流电绕组。

假定有两相静止绕组, 它们在空间上互差 90 度, 给它们输入在时间上也互差 90 度的两相平衡电流, 也能产生旋转磁动势 F2, 只要这个磁动势的大小和旋转速度与 F3 完全一样, 我们即认为此两相绕组与异步电机的三相绕组完全等效。

再假定有两个匝数相等且互相垂直的绕组, 其中分别通过直流电流, 产生合成磁动势 F2' 大小与两相交流绕组产生的磁动势 F2 相等。由于绕组中通过的是直流电流, 这个磁动势相对于绕组来说是固定不动的。我们再人为地让包含两个绕组在内的整个铁芯以同步转速旋转, 则其磁动势自然也随之旋转, 称为旋转磁动势。把这个旋转磁动势的大小和转速也控制成与 F3 交一样的话, 那么这套直流绕组也就和前面两套固定的交流绕组等效了。

以产生同样的旋转磁动势为准则, 三相交流绕组, 两相交流绕组和整体旋转的直流绕组彼此等效。通过两次坐标变换, 就可以找到与交流三相绕组等效的直流电动机模型了。

异步电动机经过坐标变换等效成直流电动机后, 模仿直流电动机的控制策略, 得到直流电动机的控制量, 经过相应的坐标反变换, 就能够像控制直流电动机一样控制异步电动机了——这就是异步电动机矢量控制的基本思路。

看上去, 矢量控制的思路实在有些令人新奇, 异步电动机模型怎么会变成直流电动机模型呢? 实际上, 借助数学的力量, 这不但是可能的, 而且非常容易实现。

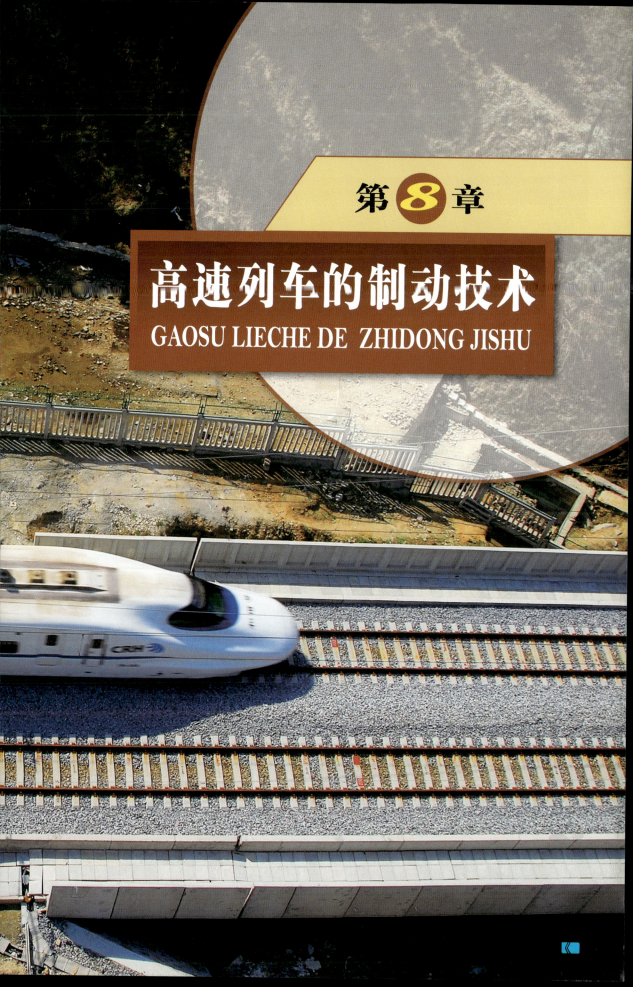

第 8 章

高速列车的制动技术

GAOSU LIECHE DE ZHIDONG JISHU

第1节　性命攸关的制动系统

列车牵引时起动不起来，固然不是一件好事，却并不是一件可怕的事。然而，假如列车不能制动停止——用通俗的话说，就是刹车失灵了——那实在是一件令人恐怖的事情。你想，时速200公里或300公里以上，重达数百吨，载客数百甚至千人以上的高速列车，在运行过程中它的制动系统一旦失灵了，原本以安全运行著称的高速列车立刻就会变成一匹脱缰的野马，让人感到惊恐不安，接下去的景象我们实在不敢去想。与其他交通工具的刹车系统一样，制动系统是高速列车中性命攸关的一个系统，其重要性是不言而喻的。

什么时候需要高速列车的制动系统发挥作用呢？除了容易想到的车站停车、停止后防止列车前后自然移动外，再有就是运行过程中的减速、下坡时抑制列车加速，此外还有紧急情况时的紧急停车，这些场合都要请它出马效劳才行。高速列车的安全、正点运行举世闻名，制动系统便是其中的一名绝对功臣。作为保证高速列车运行安全的一个关键系统，我们对高速列车制动系统有以下几方面要求。

1 制动能力

在需要停车的时候，制动系统必须能让高速列车在规定的制动距离内能够停下来。

列车轮轨之间摩擦系数小，需要的牵引力小，运行节能，这是好事。然而，轮轨之间摩擦系数小，却也带来制动时列车制动距离长的缺点。列车从时速200或300公里开始制动减速至列车完全停止，常用制动时的制动距离达5公里左右。对列车实施制动的过程，就是将列车动能转换为其他能量，并消耗掉的过程。由于列车的动能和列车的质量乘以速度的平方成正比，也就是说，如果列车速度增加一倍，则列车动能便变为原来的4倍，所以高速列车和中低速列车即使质量相等，高速列车的制动系统需要转换、消耗的动能要大得多，对高速列车制动系统能力的要求要远高于普速列车。高速列车制动系统的负担可真不轻！

高速列车制动系统能力主要是由紧急制动距离来决定的。所谓紧急制动距离，就是在紧急情况下，列车必须在事先规定距离内停住的距离。例如，我国时速350公里的CRH2C型和CRH3C型动车组的紧急制动距离为：列车以时速350公里运行时的紧急制动距离为6500米；列车以时速300公里运行时的紧急制动距离为3700米。紧急制动距离设计值主要基于轮轨间制动黏着的利用、基础制动装置的热容量以及制动控制性能等各种制约因素所容许的最大紧急制动能力。

2 可靠性

前面已说过，高速列车制动系统一旦失灵，后果将不堪设想，所以它必须可靠，做到万无一失。要保证系统可靠性，除了要求组成系统的零部件和软件控制系统必须可靠外，还要求系统的重要子系统或关键部件应有足够的冗余，再有整体系统的设计都需要始终贯穿故障导向安全的思想。

3 舒适性

乘坐飞机时，无论飞机起降还是飞行途中，广播都会善意地提醒我们系好安全带；开小汽车，也是必须系上安全带的。然而，乘坐高速列车可就不一样了，不要说系安全带，座椅上连安全带的影子都没有！飞机起飞时在滑行道上的最高时速在 300 公里左右，与高速列车差不多；在高速公路上奔驰的汽车最高时速一般也不超过 120 公里。那么，为什么在时速 200~350 公里的高速列车上，乘客却无需系安全带？这是因为，高速列车的制动系统充分考虑到了旅客的舒适性。

制动系统能力再高，如果实施制动时让站立的乘客摔倒受伤的话，这样的高速列车显然是不合格的。列车制动时的舒适性，主要由减速度变化率来反映的。研究发现，当减速度的变化率不超过 0.6 米／秒^3 时，乘客不会产生不舒适感；减速度的变化率在 0.6 米／秒^3 和 0.75 米／秒^3 之间时，乘客基本可以接受；当减速度的变化率超过 1.0 米／秒^3 时，对站立状态的乘客就会有摔倒的危险。高速列车制动时，减速度变化率的最大值发生在制动初期、不同制动方式切换过程和列车停车三个时点。为了保证良好的舒适性，对高速列车制动时减速度的变化率必须有明确规定。

⬆ 汉口至南京的动车组通过合武线洗马河特大桥

第2节 有多少种制动方式?

← 安装前的制动盘

世界各国高速列车主要采用的制动方式有：踏面制动、盘形制动、再生制动、电阻制动、盘形涡流制动、磁轨制动和轨道涡流制动等7种。其中，踏面制动和盘形制动多靠压缩空气作用实施制动，因此一般又称为空气制动。这7种制动方式中，踏面制动、盘形制动、磁轨制动属于机械制动，存在机械磨损；再生制动、电阻制动、盘形涡流制动和轨道涡流制动都是电制动，制动时没有机械磨损。

1 踏面制动

踏面制动通过制动闸瓦与车轮上同钢轨接触的踏面相互摩擦从而获得制动力。法国第一代高速列车 TGV-PSE 就使用踏面制动。由于这种制动方式给踏面带来磨损，并需要频繁更换闸瓦，所以如今在高速列车上，踏面制动已基本被盘形制动所取代，即便使用，也仅是作为踏面清扫装置使用。

2 盘形制动

用金属材料制造的制动盘，其外形就像一个盘子，盘形制动也因此得名。盘形制动根据制动盘安装位置的不同分为两类：

——一种是制动盘"贴"在车轮侧面的轮盘式；

闸片

↑ 安装在车轮上的制动盘、闸片

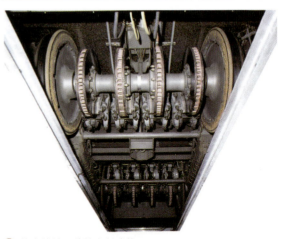

↑ 拖车轮轴上的轴盘制动装置

——另一种是制动盘独立安装在车轴上的轴盘式。

轮盘式制动时，通过液压制动缸及制动杠杆的作用，让安装在杠杆另一端的两块闸片夹紧制动盘而产生摩擦力矩，该摩擦力矩再由车轮传给钢轨并引起钢轨作用于车轮的反作用力，该反作用力即列车的制动力。

3 电阻制动和再生制动

这两种制动在制动时让牵引电动机转变为发电机工作，也就是说，牵引电机在列车上"一人扮演两个角色"：牵引时作为电动机牵引列车前进，制动时作为发电机让列车减速制动。要说明的是，牵引电机的这种角色转变在控制上是很容易实现的。要让牵引电机作为发电机发电就得从外部给它输入能量才行，电阻制动和再生制动便巧妙地利用制动时的列车动能来让牵引电机发电的。那么，牵引电机发出的电能由谁来吸收呢？电阻制动让电能消耗在列车上的制动电阻上变成热能消耗掉，而再生制动让电能返回到电网加以利用。显然，电阻制动把制动所得的电能白白地浪费掉了，而再生制动却带来节能的效果，加之再生制动无需在车上设置制动电阻，还可以减轻车体重量，二者的优劣是不言自明的。

4 盘形涡流制动

盘形涡流制动的基本原理是这样的：钢材料的涡流制动圆盘安装在拖车车轴上，涡流制动线圈安装在制动盘的两侧。制动时涡流制动线圈通以电流，涡流线圈成为电磁铁，

制动圆盘随车轴转动时，根据电磁感应的原理，制动圆盘上就有涡流产生；产生的涡流在电磁铁磁场的作用下，就会产生一个和车轴转动方向相反的电磁制动力矩。

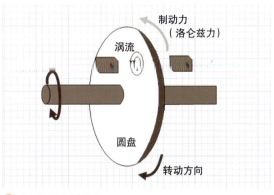

↑ 盘形涡流制动原理

↑ CRH5A 型高速列车通过通州北运河大桥

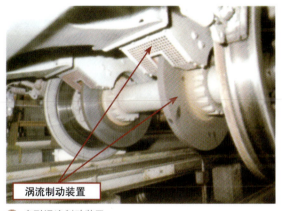

涡流制动装置

↑ 盘形涡流制动装置

5 磁轨制动和轨道涡流制动

磁轨制动和轨道涡流制动可以作为紧急制动情况下的辅助制动方式，其制动力的获得不依赖于轮轨间的黏着，故又称这两种制动方法为非黏着制动。采用非黏着制动，主要是在高速紧急制动时附加一个比较稳定的非黏着制动力，从而缩短制动距离。

磁轨制动的原理是在紧急制动时，升降气缸充气，电磁铁部分下降，同时给励磁线圈提供励磁电流，电磁铁磁力使铸铁极靴吸附在钢轨表面，以产生摩擦制动力。由于这种制动方式对钢轨表面有一定的损伤，故一般不轻易使用。

轨道涡流制动的原理是依靠列车上涡流线圈与钢轨之间的磁力来产生制动力，属非接触式制动，故对钢轨没有直接的磨损和破坏作用。但这种制动方式的缺点是涡流会导致钢轨温升，耗电量大，对轨道电路也有干扰作用，故未推广使用。

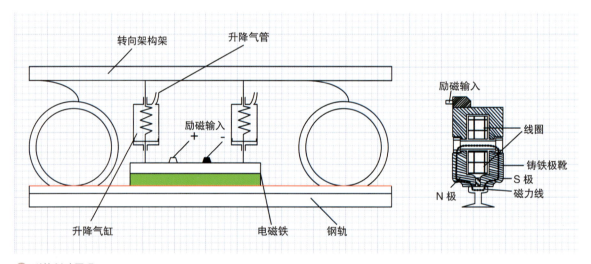

↑ 磁轨制动原理

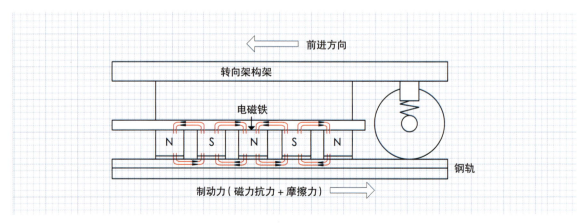

↑ 轨道涡流制动原理

第3节 高速列车的复合制动

常用制动情况下，高速列车制动力分别来自电制动、机械制动和非黏着制动，即由多种制动方式构成复合制动。

下面，我们以日本新干线列车为例，来看一下高速列车是如何实施制动的。

新干线列车制动系统包含机械制动和电制动两种制动方式。

现有的新干线列车的机械制动全都采用盘形制动。要想通过盘形制动获得稳定的制动力，显然要求制动盘和闸片具有耐磨、良好的摩擦性能、热容量要大、散热性能好等特点。0系列车的制动盘采用低合金铸铁，100系列车的制动盘为摩擦面采用铸铁、母材用铸钢的复合金属盘，后来随着列车速度的提高，大量铸铁盘由于摩擦面产生热龟裂而需要更换，所以从300系列车开始，新干线列车采用高强度、耐磨耗、耐热龟裂的锻钢制动盘。新干线列车的闸片采用铜质粉末冶金材料。

高速列车的制动方式和紧急制动距离

列车型号	运营时速（公里）	制动方式	拖车制动盘数/轴	标准制动距离（米）	不良状态制动距离（米）
300系（日本）	270	再生+盘形	2	4000	4960
ICE1（德国）	300	再生+盘形+磁轨	4	3450	—
TGV-A（法国）	300	动车：电阻+踏面 拖车：盘形	4	3500	4500
TGV-PSE（法国）	270	动车：电阻+踏面 拖车：盘形	4	3000	3700

新干线列车的制动方式

列车家族	车型	开始运营年	电制动			机械制动	
			电阻	再生	涡流	轮盘式	轴盘式
东海道家族	0系	1964	有	—	—	有	—
	100系	1985	有	—	有(T车)	有	—
	300系	1992	—	有	有(T车)	有	—
	500系	1997	—	有	—	有	—
	700系	1999	—	有	有(T车)	有	—
东北家族	200系	1982	有	—	—	有	—
	400系	1992	有	—	—	有	—
	E1系	1994	—	有	—	有	有(T车)
	E2系	1997	—	有	—	有	有(T车)
	E3系	1997	—	有	—	有	有(T车)
	E4系	1997	—	有	—	有	有(T车)

新干线列车是如何区别使用轮盘式和轴盘式的呢？我们可以用这样两句话来概括：

——东海道家族列车无论动车还是拖车都采用轮盘式，同时拖车车轴上也安装有涡流制动（电制动）装置；

——东北家族列车的动车采用轮盘式，拖车采用轮盘加轴盘的方式。

可见，二者制动系统不同之点仅在于拖车车轴上安装的制动装置的不同。

如果新干线列车制动时的动能全靠盘形制动来吸收，盘形制动的闸片与制动盘会产生大量热量，容易导致摩擦面出现热龟裂，直接影响到制动系统的可靠性。而且，需要盘形制动吸收的制动能量越多，闸片和制动盘的磨耗也就越快，闸片和制动盘的更换周期就越短，制动系统的维护工作量以及投资也就更大。正因为如此，新干线列车常用制动的真正主力不是盘形制动，而是电制动，盘形制动只是处于一个替补的位置。

新干线列车的电制动有电阻制动、再生制动和涡流制动 3 种形式。

采用电阻制动的新干线列车有 0 系、100 系、200 系和 400 系。你也许注意到了，这几种车型在新干线列车家族中全属直流传动的较早的车型，限于当时的电力电子技术条件，这几种车型的主电路还不能把电制动产生的电能返回电网，也就是说无法实现再生制动。所以，这几种车型采用电阻制动实属不得已而为之。从 300 系采用交流传动技术后，交流电传动系统使用 PWM 整流器和 PWM 逆变器可以自由进行交流—直流—交流的双向变换，再生制动得以实现。从此，电阻制动便无缘 300 系以后的新干线列车，被再生制动全面取代了。

新干线列车属于动力分散方式，300 系、500 系和 700 系列车分别有 40 台、64 台和 48 台牵引电动机，再生制动时这些电动机都作为发电机使用。再生制动不但控制性能比盘式制动好、响应速度快，而且再生制动系统没有盘形制动那样的摩擦部件，基本上无需维护，加之又能达到节能的目的。这，正是动力分散的新干线列车的突出优点之一，也是日本高速铁路界引以自豪的地方。

列车制动时，拖车由于没有牵引电机，当然也就和再生制动无缘了。日本东北新干线的 E1~E4 型拖车采用轮盘式和轴盘式相结合的机械制动，而东海道、山阳新干线列车 100 系、300 系和 700 系的拖车却另辟蹊径，采用轮盘式制动和涡流制动相结合的方式。

新干线列车的拖车采用涡流制动的用意是十分明显的，那就是尽量不用盘形制动，减少机械制动维护的麻烦。

前面我们已经介绍过了，常用制动时电制动是新干线列车制动的主角，盘形制动是配角，那么二者在新干线列车制动时的具体分工如何呢？以东海道新干线 700 系列车为例，在常用制动时，如果列车从 270 公里／小时开始制动，盘形制动一般只承担速度 30 公里／小时以下的制动任务，而这部分制动能量仅占整个制动能量的 3%！其他的 97% 的列车制动能量则由电制动来承担，其中再生制动占 87%，涡流制动占 10%。可以看出，电制动在列车制动时发挥着何等举足轻重的作用！

不过，千万不要误以为盘形制动的重要性不如电制动，如果因为故障等原因，电制动不能工作的时候，盘形制动便会危难之处显身手，负责承担全列车的制动力。

第**9**章

高速列车的受流技术

GAOSU LIECHE DE SHOULIU JISHU

第1节 什么叫受流？

↑ 高速铁路牵引接触网

蒸汽机车"吃"煤，内燃机车"吃"油，它们上路时都自带粮秣。"吃"电的高速列车却从车顶上伸出只"手"——受电弓，行一路，从输电接触线上"拿"一路，是个典型的"伸手派"。看上去这是"轻装上阵"，其实却并不省事，受电弓与接触线不能固定死，但又必须时刻保持接触，两者一脱离就断了电。高速行进的列车一路上要开车停车，加速减速，前进后退，上坡下坡，变化这么多，要受电弓与接触线始终保持良好的接触，可不是一件容易的事情，这个问题该如何解决呢？

高速列车是靠电能驱动前进的，电能从哪里获取呢？和无轨电车获取电能方式差不多，高速列车也是通过车顶上的受电弓与接触线的滑动接触来获取电能的。铁路上把受电弓从接触线获取电能的过程称作"受流"。

受流，这项技术看上去平淡无奇。然而，实际上它却一直是困扰世界高速铁路界的一个难题，至今也仍是各国技术人员孜孜不倦进行攻关的研发课题。

法国在20世纪50年代就曾创造过时速331公里的列车试验速度世界纪录，然而，法国并没有乘胜研发可商业运行的时速200公里以上的高速列车，其主要原因之一，就是

当时的法国专家们发现，保证高速条件下的良好受流实在太难。1964年，在世界第一条高速铁路——日本东海道新干线开通前的列车试运行时，最让日本铁路专家们惴惴不安的技术问题，不是信号，也不是线路，而是受流！如今，国外高速列车最高运营时速为320公里，中国高速列车最高运营时速曾达到350公里。人类对交通工具速度的追求永远充满热情，中国、日本、法国等国都在研发更高速度等级的高速列车，受流，依旧是技术专家们需要解决的关键技术问题之一！

承力索

接触线　受电弓滑板

二等座 2E 201806

↑ 受电弓受流图

第2节 如何向高速列车供电?

看着飞驰的高速列车从你眼前一闪而过，总会让人不由自主地感到一种强烈的震撼：如此一个庞然大物，以这么高的速度运行在轨道上，这需要给予它多么大的能量！以8辆编组的和谐号CRH3C动车组为例，其牵引输出总功率达8800千瓦之多！如果你还难以想象8800千瓦这个功率到底有多大，且让我们把思绪回到充满乡愁的马车时代吧。CRH3C动车组的牵引功率如果靠骏马来完成，那么，需要骏马的数量是11973匹（1马力=735瓦特）！那可是一幅万马奔腾的场面！如果以家庭轿车输出功率来换算的话，05款富康家庭小汽车（排量1.6升、16缸）输出功率为78千瓦，那么CRH3C动车组的输出功率相当于112辆富康车！

高速列车的巨大能量从哪里来的呢？

高速列车需要的电能传输过程大致是这样的：发电厂发出电能，通过输电线输送到被称为牵引供电系统"心脏"的牵引变电所，牵引变电所将输入的高压电通过牵引变压器降压，转换为适合高速列车使用的低压电能送到接触网上。接触网被称作牵引供电系统的"上动脉"，其功能就是通过与受电弓在运行过程中的良好接触，将电能传输给高速列车。

世界各国高速铁路接触网的供电电压、频率不尽相同，中、日、法、德4国的供电制式如下：

——中国，单相交流25千伏，50赫兹；

——日本，单相交流25千伏，50赫兹或60赫兹；

——法国，单相交流25千伏，50赫兹；

——德国，单相交流15千伏，16.7赫兹。

说起来，世界各国选择什么样的供电制式的背后其实都有一段自己的故事，都是基于本国国情与历史选择的结果。从以上4个国家供电制式中，我们可以发现这样两个特

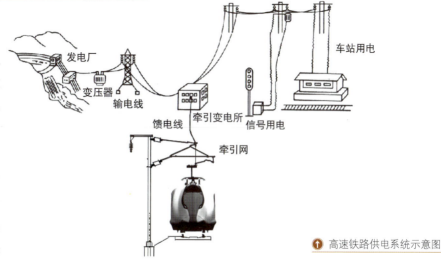

发电厂　变压器　输电线　馈电线　牵引变电所　信号用电　车站用电　牵引网

● 高速铁路供电系统示意图

点：一是4国都选择较高电压的单相交流供电；二是德国的供电电压、频率与众不同。

首先我们来看第一个特点。事实上，世界上绝大多数高速铁路都采用较高电压的单相交流供电，其理由何在？

在初中物理中我们就已学过，电功率等于电压和电流的乘积。也就是说在同样的输出电功率的前提条件之下，提高输出电压，就可以相应地降低输出电流。如果高速铁路接触网输出电流较低，供电过程中的电能损失就小。这个道理很简单，以前我们使用过的电炉，当电流通过电阻丝时，便将电能转换成了热能。输送电能的接触网导线也是有电阻的（虽然比较小），也就相当于电炉的电阻丝，在供电过程中一部分电能就会通过导线转化成热能散发到空中。显然，供电电流越大，消耗的热能也就越多。另外，在传递相同功率的条件下，如供电电压较低，则接触网输出的电流就大，大电流会引起线路上较大的电压降，为维持供电电压，就必须增加变电所数量，从而导致成本增加。高速铁路之所以采用交流高压（25千伏或15千伏）供电，原因就在这里。

可能有人会想，如果采用直流高压供电方式会有什么问题吗？首先，牵引变电所输出的直流电压不能通过变压器降压，所以输出电压值必须满足列车上的电气设备绝缘电压的要求，这就导致直流供电电压不能太高（目前世界上高速铁路直流供电最高电压只有3千伏）。直流供电电压设计得低，供电电流就相应增加，供电电力损失增大，所以，变电所的间距就不能太大，变电所的数量只好相应地增加。此外，供电电流增大又会带来

受电弓受流的安全问题。其次，从发电厂输出的是交流电，高速铁路采用直流供电的话，先得在牵引变电所通过变压器降压后再通过整流器将交流变换成直流输出，和交流供电方式的变电所相比，设备就要显得更加复杂，投资成本更高。

采用高压交流供电方式则与之相反，由于高速列车的牵引变压器可以将接触网高压降压后供给牵引传动系统等，因此可以采用较高的电压供电。高压供电既可以增大牵引变电所间距，减少变电所数量，又可以减少供电损失，减小受电弓受流电流值。

我们再来看第二个特点。德国人为何特立独行，供电电压及频率都与众不同？

德国采用独特的单相交流15千伏、16.7赫兹的供电制式是由其特殊的历史背景和技术背景决定的。20世纪初，人们试图利用公共电网向单相交流电机供电，但公共电网的频率为50赫兹或60赫兹，如果直接供电的话，会存在单相电力牵引负荷使三相电网出现非正常明显的电压不平衡，对公用电网造成"电污染"等问题。

这些问题在当时的技术条件下无法得到圆满解决，因此，德国人退而求其次，研制出频率为工频（50赫兹）三分之一(16.7赫兹)的单相交流发电机，从而构成了独立于公共电网的低频单相交流牵引供电系统。由于该系统利用了交流电升压、降压简单的特点，实现了大功率牵引供电，同时，它又独立于公共电网，自然不会对公共电网形成"电污染"。因此，在1912~1913年之间，德国、奥地利、瑞士、挪威和瑞典等西欧国家陆续采纳了这种供电制式。直到现在，德国高速铁

🔶 牵引变电所

路仍然全部采用这种供电制式。

　　低频单相交流供电虽有上述优点，但在其他条件相同的情况下，16.7 赫兹电机若要达到 50 赫兹电机相同的功率，其扭矩必须是 50 赫兹电机扭矩的 3 倍，3 倍的扭矩意味着 3 倍的尺寸！这可并不好。受高速列车有限空间等因素限制，人们更欢迎体积小，重量轻的交流电机！因此，中、日、法等世界上大多数高速铁路都直接从公共电网取电，采用单相工频交流高压供电制式。

第3节 接触网如何悬挂？

良好的受流，需要从接触网和受电弓两方面下功夫。

接触网的作用是将牵引变电所的电能输送到高速列车上。沿着高速铁路，你会发现接触网与线路如影相随，哪儿有线路，哪儿就有接触网。一眼看过去，悬挂在线路上空的接触网，是由横竖的金属线索和一些附加

零部件组成的——的确有些像张编织稀疏的天网，在铁路界，人们常把接触网线索及其附加零部件组成的结构称为接触网悬挂方式。

世界高速铁路的接触网并不只有一种悬挂方式，即便一国之内，不同的线路也有可能采用不同的悬挂方式。高速铁路发展到今天，经过以日、法、德为代表的高速铁路技术强国不断探索，实用化的高速铁路接触网悬挂方式概括起来主要有3种，即复链形悬挂、弹性链形悬挂和简单链形悬挂。

在接触网中，接触线、承力索、辅助承力索等各自扮演什么样的角色呢？

接触线，它直接与列车顶部的受电弓接触，并向列车传输电能。列车牵引电流从接

🔺 京津城际铁路接触网

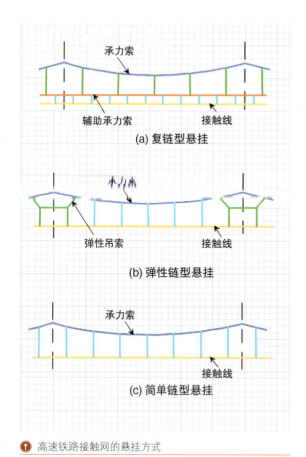

高速铁路接触网的悬挂方式

承力索以一根根垂直的吊弦抓住接触线。它的作用是让接触线水平地悬挂在距离钢轨轨面一定的高度上，例如京津城际铁路的接触线高度约为 5.3 米，而我国有双层集装箱运输的线路接触线高度约为 6.5 米。

在复链形接触网悬挂中，多一条辅助承力索，其主要作用是进一步提高接触线的水平度，保证良好受流。

容易想到，不同的接触网悬挂方式，其受流质量、工程造价、安全性能都不会一样。

复链形悬挂方式接触网张力大（绷得紧），弹性均匀，抗风稳定性好。但由于结构复杂，使其造价高，维护费用也较高。同时，与弹性链形悬挂和简单链形悬挂比起来，复链形悬挂单位长度的重量更大，这就限制了它的波动（当列车行进时，接触线随受电弓的推进而产生波动）速度的提升，从而也就限制了列车速度的提升。

弹性链形悬挂的结构相对复链型悬挂就简单多了，它没有辅助承力索，造价也更便宜；同时它对悬挂定位点处弹性进行改善，使得整个接触网的弹性更加均匀，受流性能更好。但弹性吊索的调整维修比较复杂，对定位器的安装坡度要求比较严格。

触线流过，为了降低电能损耗，接触线一般选用铜等电阻较小的材料。同时，为了保证良好的受流和降低维护成本，还要求接触线材料结实、轻便、摩擦性能与受电弓滑板相匹配。

三种接触网悬挂方式举例

国名	日本（山阳新干线）	法国（大西洋线）	德国（曼海姆—斯图加特线）	中国（京津城际）
悬挂方式	复链形	简单链形	弹性链形	简单链形
运营速度(公里/小时)	300	300	300	350
承力索材质/截面面积（平方毫米）	镀锌钢绞线/180	青铜/65	青铜/120	青铜/ 120
辅助承力索或弹性吊索材质/截面面积（平方毫米）	硬铜绞线/150	——	（Y形辅助索）青铜/35	——
接触线材质/截面面积（平方毫米）	铜锡合金/170	硬铜/150	银铜镁合金/120	铜镁合金/120

简单链形悬挂与弹性链形悬挂的主要区别就在于，它没有弹性吊索。因此，简单链形悬挂是三种悬挂方式中结构最简单，造价最低，安装维修最方便，且能满足列车高速运行的一种悬挂方式。不足之处是，其定位点处的弹性与两跨柱当中的弹性不均匀，在定位点处易形成相对硬点，弓网磨耗大。

目前，前述三种悬挂方式在世界高速铁路中都有实际应用，但没有某种悬挂方式一统天下，为什么呢？有技术发展的原因，也有国情的原因，还有线路速度等级不同的原因等。

日本在修建东海道新干线时，为了确保高速列车的稳定受流，在当时世界上没有任何成熟经验可供借鉴的情况下，绞尽脑汁研制出一种带弹性阻尼器的复链形悬挂，其目的是增加接触网悬挂的弹性均匀性。东海道新干线顺利开通了，但日本感到接触网悬挂的弹性均匀性还可以进一步改善，在修建山阳新干线时，日本放弃了弹性阻尼吊弦，改为带 Ⅱ 形弹性吊索的重型复链形悬挂，并且加大了

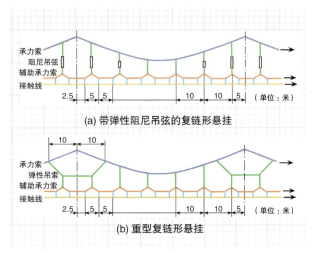

(a) 带弹性阻尼吊弦的复链形悬挂

(b) 重型复链形悬挂

↑ 日本的两种复链形接触网悬挂方式

承力索和接触导线的张力。其后，日本东北新干线、上越新干线也都采用复链形悬挂方式。1989年，时速300公里的法国大西洋线采用简单链形悬挂并获成功。大概是受此影响吧，日本于1997年开通的北陆新干线又转而开始采用简单链形悬挂。

德国的高速铁路采用弹性链形悬挂。早期开通的汉诺威至维尔茨堡和曼海姆至斯图加特两条新建高速铁路线采用 Re250 型弹性链形悬挂接触网，其弹性吊索也称 Y 形辅助索，这种悬挂方式可满足列车运营时速 280 公里的单弓受流运行要求。1990年代，为了满足列车更高运营速度的要求，德国在

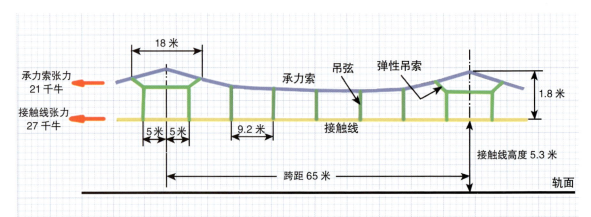

↑ 德国Re330弹性链形悬挂接触网

Re250 型的基础上，又研发了可满足列车运营时速 300~400 公里的 Re330 型接触网。

法国高速铁路接触网悬挂方式是从弹性链形悬挂开始的，但东南线开通后，法国感到这种悬挂方式的受流质量不尽如人意，还可以从技术上进行改进。法国专家认为，取消弹性吊索导致的弹性均匀度降低，完全可以通过采取合理布置吊弦和提高接触线张力的措施来弥补，这样，既可以保证良好的受流质量，而且还可使设计与施工成本下降，避免因弹性吊索设置不当而导致的非正常磨耗，这种悬挂方式就是我们如今非常熟悉的简单链形悬挂。大西洋线以后的法国高速铁路都采用简单链形悬挂。

↑ 京津城际铁路的接触网

我国京津城际高速铁路采用的也是简单链形悬挂。

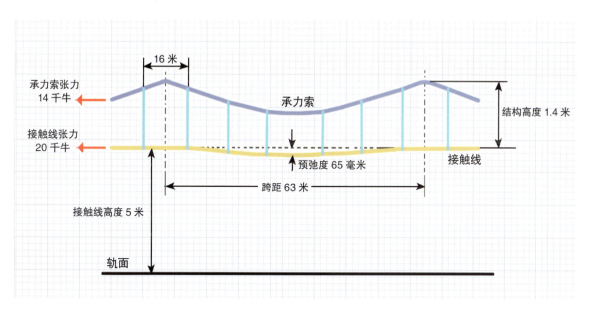
↑ 法国大西洋线接触网

承力索张力 14 千牛
接触线张力 20 千牛
16 米
承力索
结构高度 1.4 米
接触线
预弛度 65 毫米
跨距 63 米
接触线高度 5 米
轨面

由于列车运行所需的电能是靠受电弓与接触线的接触来获取的，所以，在列车运行过程中，如果受电弓与接触线能够始终保持亲密接触是再理想不过了。

然而，这种理想的受流是很难实现的，对于高速列车尤其如此。

受电弓是靠一定的抬升力让滑板与接触线保持接触的。例如，京津城际高速列车受电弓的静止抬升力约为70~80牛顿，列车高速运行时受电弓的滑板就像一个小小的飞机机翼似的，受气流的作用也会产生一个动态的抬升力，显然动态抬升力随列车运行速度升高而增大。列车运行时，接触线在受电弓抬升力的作用下发生上下振动，产生振动波向前传播，这就给受电弓和接触线保持良好的接触带来了困难。受电弓前进的速度和接触线波动的传播速度越接近，受电弓和接触线就越容易失去接触。

受电弓与接触线脱离失去接触的现象称作离线。离线是绝对不受欢迎的。由于高速列车的受电弓从接触线获取的电流值很大，离线时产生的电弧（就像我们在家中拔出电线插头时会产生电火花一样）会加快受电弓滑板和接触线的磨耗，引起电磁干扰，同时还伴随着噪声污染。离线发生的次数越多，时间越长，表明受流质量越差。所以，一般用离线率来评价列车受流质量的好坏。离线率用离线时间占列车区间运行时间的百分比来表示。例如，京津城际铁路要求离线率低于0.14%，离线时间小于100毫秒。

如何才能降低离线率呢？

在接触悬挂方式已定的情况下，要从接触线和受电弓两方面进行努力。

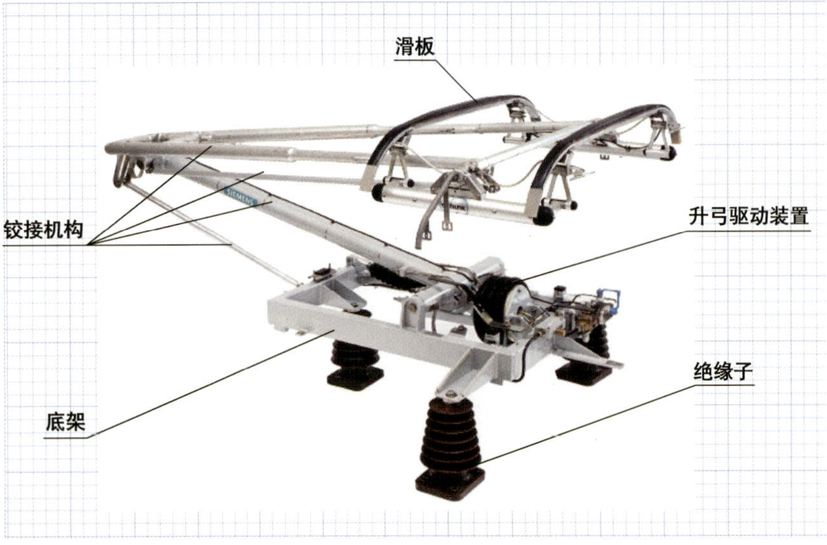

接触线的波动传播速度和列车速度越接近就越容易发生离线。因此，我们可以提高接触线的波动传播速度，尽量让它远远地"躲开"列车速度，就可以大幅度降低离线率了。波动传播速度要"躲"得多远才好呢？经验表明，列车速度与波动传播速度的比值（称为无量纲速度）在0.6~0.7

滑板
铰接机构
升弓驱动装置
底架
绝缘子

↑ CRH3C型动车组高速受电弓

之间，就可以保证良好的受流质量。例如，2008 年开通时的京津城际高速铁路的列车速度最高为 350 公里／小时，接触线波动传播速度为 569 公里／小时，两者的比值即无量纲速度为 0.62，满足受流质量的要求。在保障良好受流的前提下要提高列车速度，采取提高波动传播速度是一种有力手段，具措施有两个：一是增大接触线的张力；二是降低单位长度的接触线质量，也就是接触线最好采用轻质材料。

例如，日本新干线开通时接触线的张力为 14.7 千牛，使用硬铜接触线，波动传播速度为 355 公里／小时，这个速度基本上能满足 210 公里／小时列车运行的受流要求。1992 年，时速 270 公里的 300 系投入运行后，为了获得良好的受流质量，东海道新干线采用锡铜合金的接触线，接触线张力增大到 19.6 千牛，波动传播速度提高到 410 公里／小时。日本还于 1986 年、1992 年研制了铝包钢和铜包钢两种接触导线，在张力为 19.6 千牛的时候，波动传播速度达到 525 公里／小时。北陆新干线采用的就是铜包钢的接触线。

增大受电弓的抬升力和减轻受电弓质量也可以提高受流质量。但增大受电弓抬升力有一定的限度，增大抬升力虽然可以让受电弓更好地密贴接触线，但同时也加快受电弓滑板和接触线的磨耗，容易增加接触线金属疲劳，缩短其寿命。因此，受电弓抬升力需要综合考虑，合理选取。

↑ 动车组头顶牵引接触网
迎着朝阳离开北京站

第**10**章

高速列车的运行控制

GAOSU LIECHE DE YUNXING KONGZHI

　　看看北京南站候车厅大屏幕上显示的高速列车的开行时刻表，高峰时段，有些铁路仅隔几分钟就发出一趟列车，这极大地方便了旅客们的出行，但也出现了令人担心的事：在同一条轨道上，时隔不多远就有一趟列车在高速运行，如果有哪一趟列车开得太快，赶上了前面的列车，或者，前面的一趟车发生故障突然停了下来，那不都要发生追尾，出大事吗？放心吧，铁路专家早就预想到了各种各样的意外情况，并开发出"列车运行控制技术"，圆满地解决了高速列车的行车安全问题。

↑ 北京南站俯瞰图

第1节 闭塞区间与信号

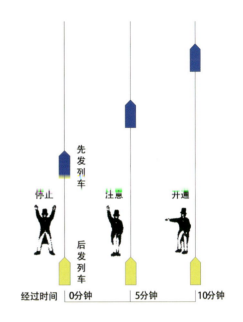

先发列车

停止   注意   开通

后发列车

经过时间   0分钟   5分钟   10分钟

↑ 时间间隔法说明图

汽车追尾事故，我们已是见惯不惊，至少是听惯不惊吧。然而，高速列车追尾事故却极少发生，这秘密在哪里呢？

原因在于，铁路从一开始就有一套保障行车安全的设备和措施，这就是铁路信号系统。铁路信号系统用规定的信号显示指示司机行车，在区间内，铁路信号系统靠闭塞方法保证列车安全。

所谓闭塞，字面上讲，一般是指与外界隔绝的意思。就是将一段线路（区间）封闭起来，暂时不允许其他列车进入。闭塞的方法有时间间隔法和空间间隔法。

铁路诞生初期，为了不让前后列车发生追尾事故，人们首先想到的是用时间间隔法来保证行车安全，即前一列列车开出车站进入区间后，等待一定时间——如等待 10 分钟后，再向该区间发出下一次列车。这个方法看似合理，其实却潜藏着很大的安全隐患。例如，前面的列车因某种原因中途停车或者是晚点运行了，后面的列车就很容易追尾。事实上，当时也确实发生过不少的列车追尾事故。

为了提高行车安全，1842 年，英国人库克提出了空间间隔法，即让列车间保持一定空间距离的运行方法。这个想法与人们驾驶汽车相似，汽车司机通过目视，与前车保持

一定的距离而不至于追尾。不过，由于列车制动距离太长而人的视觉范围有限，火车司机不可能像汽车司机一样通过目视来保证与前面列车的距离。那么，空间间隔法是如何在铁路上实现的呢？

人们通过技术手段，把一条完整的线路分成若干个适当长度的区间，每个区间称为一个闭塞区间或一个闭塞分区。在保证行车安全方面，闭塞区间的作用可太大了！假如某列列车进入了某个闭塞区间，那么该区间就被占用，不会再允许其他列车进入该区间了。换言之，同一时间、同一闭塞区间内决不允许有两列以上的列车存在——这是保证列车安全运行最可靠的基本原则！

但是，如何才能知道某个闭塞区间是否已被占用了呢？这个问题是靠轨道电路来解决的。我们知道，钢轨是可以导电的，将一段一段闭塞区间的钢轨彼此绝缘，然后利用闭塞区间内的左右两根钢轨就可以构成一个独立

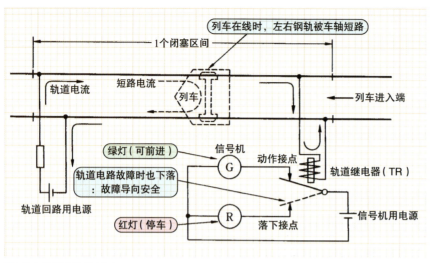

列车在线时，左右钢轨被车轴短路

1个闭塞区间

短路电流

轨道电流

列车

列车进入端

绿灯（可前进）　信号机

动作接点

轨道继电器（TR）

G

轨道电路故障时也下落
：故障导向安全

轨道回路用电源

红灯（停车）

R

落下接点

信号机用电源

⬆ 基本轨道电路原理图

会影响列车运行的安全！这就是列车信号系统设计的一个基本原则——故障导向安全，就是说，即便出现故障，宁可影响行车，也不能影响安全。

普通铁路——请注意，不是高速铁路——把信号机安装在各个闭塞区间的入口处，通过信号向司机发出下一区间是否可进入的指令。

的电气回路，这个回路就称为轨道电路。信号电流在轨道电路上流动，一旦有列车进入闭塞区间，信号电流就被车轮和车轴短路，该闭塞区间列车的后方就形成无电流的状态，设在闭塞区间的入口处的常闭的继电器断开，与继电器相连的信号灯即显示红灯，向后续列车司机昭示：这个闭塞区间已被占用了，严禁进入该区间！这只是最简单的直流轨道电路的原理。实际上，随着技术的发展，除直流轨道电路外，还有各种各样的交流轨道电路。

细心的读者可能还会想，万一因为某种原因，轨道出现破损、继电器甚至信号电流用的电源本身出现故障，那常闭的继电器不同样会断开，后面的列车不也进入不了该区间了吗？的确如此，虽然系统一时做出了该区间有列车的误判，但这样的误判不

现在，让我们来看一下闭塞技术与三显示信号机是如何协调工作的。如果某一闭塞区间已被某一先行列车占用，其区间入口处的信号机显示红灯（停车信号），告诉司机：你驾驶的列车必须得在此信号机前停车！与被占用闭塞区间相邻的闭塞区间入口处的信号机显示黄灯（警惕信号），提醒司机需要提高警惕，小心驾驶，因为下一个信号机显示的是红灯。与黄灯显示相邻的闭塞区间入口处的信号机显示绿灯（行车信号），告诉司机可以放心进入下一闭塞区间。这里举的是三显示信号方式，在实际应用中，还有2显示，4显示，7显示等多种方式。

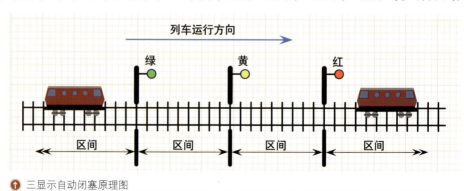

列车运行方向

绿　　　　黄　　　　红

区间　　　区间　　　区间　　　区间

⬆ 三显示自动闭塞原理图

第2节 日本的高速列控系统

有了前面介绍的与列车运行控制（简称"列控"）相关的一点基础知识，接下来，让我们看一看高速列车实际是如何实现安全运行的。日本新干线是世界高速铁路的先驱，就让我们以新干线的ATC（英文Automatic Train Control的缩写，意为"列车自动控制"）系统为例，来看看日本的高速列控系统是如何保证列车行车安全的吧。

1 阶梯式速度控制

新干线从开通之初就采用阶梯式速度控制模式的ATC系统，什么是阶梯式速度控制呢？我们用一个例子来说明其基本原理。

我们知道，300系新干线列车的最高运营速度为270公里/小时。如下图所示，假如前方列车（前车）已进入闭塞区间1，后方列车（后车）正位于闭塞区间8外，我们来看ATC系统是如何控制后方列车速度的。

首先，ATC系统需要知道前方列车目前所在的位置，即占用着哪个区间，这靠前面讲到的轨道电路来实现。新干线采用有绝缘音频（AF）轨道电路，信号电流从轨道电路发送端发出，由于闭塞区间1被先行列车占用，因此，信号电流被车轴和车轮短路，轨道电路受电端的接收器就无法收到信号电流了，这样，ATC地面装置就检测出区间1已被占用了。

地面设备检测到列车的位置后，根据与前方列车或者速度限制区的距离，从既定的速度信号中选出合适的信号数值，赋予后续的闭塞区间。在本例中，先行列车后面的闭塞区间2至9的速度信号依次为30，120，170，170，230，230，270，270。如闭塞区

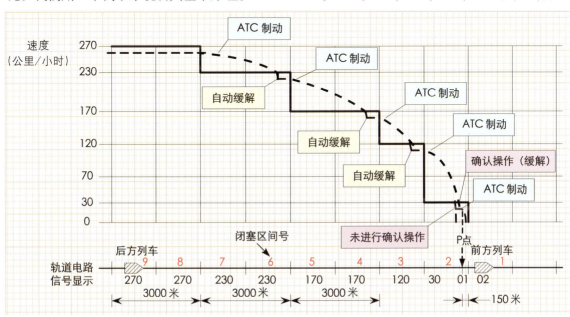

↑ 新干线列车阶梯式速度控制图

间 6 的速度信号为 230，意思就是，该区间的限制速度为 230 公里 / 小时。

可能你有些纳闷，我们熟悉的信号机上哪去了呢？其实新干线就没设地面信号机，因为即使设置了信号机也没有实际的意义。想想看吧，新干线的闭塞区间长度约为 1.2 ~ 1.5 公里，当列车以时速 200 公里通过一个 1.2 公里长的闭塞区间时，通过时间还不到 22 秒！如果司机依靠地面信号驾驶，那每隔 20 秒左右就需确认一次信号，实在太辛苦了，而且信号灯是一闪而过，司机极容易辨认错误。因此，为了减轻司机负担和防止司机失误，新干线在最高速度到停车的信号之间划分为若干中间速度信号，并把这些中间速度分配给相应的闭塞区间，然后通过地面设备将信号命令传送到车上，并将信号直接显示在司机驾驶台上。具体到阶梯式速度控制模式，显示在司机驾驶台上的就是限制速度的数值了。与地面信号方式相对应，这种方式称为车载信号方式。

后续列车只要进入某一闭塞区间的入口，车头下边的感应器与钢轨内信号电流通过电磁感应，就在车上检测出地面信号电流传输的信息，其中包含了该区间的限制速度信息，检测出的限制速度信息会显示在司机台上。假如后续列车进入闭塞区间 6，车载信号就会显示当前限制速度为 230 公里 / 小时，如果此时列车实际速度超过 230 公里 / 小时，列车制动装置就会自动介入，让列车减速，当实际速度低于 230 公里 / 小时的限制速度后，制动装置将自动缓解。列车进入前方 5、4、3 闭塞区间时的动作与此完全相同。

当列车进入闭塞区间 2，速度自动减速到 30 公里 / 小时，此时司机才有机会介入制动操作。司机按下确认按钮，于是制动缓解，列车以低于 30 公里 / 小时的速度继续前行，列车前行到距离先行列车闭塞区间入口处 150 米的 P 点时，地面装置向列车发出制动命令，制动装置自动动作使列车停车。万一司机忘记了按下确认按钮呢？不用担心，这种情况下 ATC 装置会认为司机出现了意外情况，制动作用会直到列车停车为止。

可以看出，后方列车速度的变化，就像下阶梯式的逐级降低，直至停车为止——这就是阶梯式速度控制模式的由来。

从上面的介绍可以看出，在列车整个制动减速过程中，司机几乎是无事可做，这是新干线列控系统按照设备优先原则设计的结果，其目的是最大程度地减轻司机负担，有利于缩短列车追踪间隔。

2 目标—距离模式曲线速度控制

新干线从开通之日起就采用阶梯式速度控制模式，这种 ATC 方式为新干线的安全运行做出了不可磨灭的贡献，迄今为止从未发生过一起乘客伤亡事故。但阶梯式速度控制模式也有一些令人遗憾的地方。

——由于后方列车的制动减速是呈阶梯状的，制动系统需要多次重复制动和缓解，而且列控系统不调节制动力的大小，列车减速度变化大，这两个原因将导致乘坐舒适性差。

——闭塞分区的限制速度，只能按性能最差的列车制动距离来设定限速，这对性能好的列车来说是个遗憾，影响其性能的发挥，使其运行时间延长。

——随着技术的进步和运输的需要，如果投入更高速度的列车，又没有事先配置合适的速度信号的话，就另需追加附属装置来解决这个问题。

——阶梯式速度控制增加了列车追踪的间隔，限制了列车运输效率的进一步提高。

正因为有这些缺点，日本下决心开发新的列控系统。1991 年，日本研制出了数字有绝缘轨道电路。在此基础上，在 21 世纪初开发推出了新的"目标—距离模式曲线防护"列控系统，并将这种新的列控系统称为"数字 ATC"。

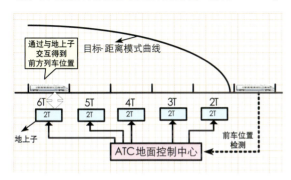

⬆ 目标—距离模式曲线控制示意图

从目标—距离模式曲线控制示意图中我们可以直观地看出，后方列车的制动减速不再是呈阶梯式的下降了，而是一条平滑的一次性制动曲线，像是自动档汽车的无级变速。这种控制方式是如何实现的呢？

首先，后方列车实时计算出自己所处位置距前方目标点的距离，所谓目标点是指限速点、前方列车或其他障碍点。这个距离是这样算出来的：ATC 地面控制中心通过数字轨道电路将前车和后车所在位置向车上发送，轨道电路向车上发送的信息包括闭塞分区（轨道电路）编号、前方开通闭塞分区数和临时限速等。这样后车就可以计算出自己距离目标点的距离了。

其次，后车根据预先存储在车载计算机里的线路条件（曲线半径、坡度等参数）、列车性能参数以及距离目标点的距离，计算出反映列车允许速度与目标点距离之间的关系曲线，即一次性制动曲线，获取列车当前的允许速度，来监督列车运行。

目标—距离模式曲线控制成功地克服了阶梯式速度控制模式下诸多不足之处，如今已成为新干线列控系统的主流。

新干线两种速度控制的比较

项目	阶梯式	目标—距离曲线
列车位置检测	地面检测（轨道电路）	地面检测（轨道电路）
列车速度控制	目标速度控制	目标距离控制
地面-车上通信	使用轨道电路，地面→车上，单方向模拟信号通信	使用轨道电路，地面→车上，单方向数字信号通信
不同性能列车混跑	适合	不适合
运输效率	低	高
乘坐舒适度	差	好

⬆ 日本东海道、山阳新干线的轨道电气综合检测车

第3节 法国的高速列控系统

1 TVM300阶梯式速度控制

与日本新干线一样，法国高速列控系统也是从阶梯式速度控制模式开始的，这种列控系统称为TVM300系统。

法国人总是不愿重复别人的东西，同是阶梯式速度控制模式，TVM300与日本新干线ATC却有着以下一些不同：

——在设计理念上，新干线ATC以机控优先为设计原则，而TVM300采用人（司机）控优先的原则。列车正常运行时由司机驾驶，只有在司机出现失误并可能出现危险的情况下，TVM300系统才强迫列车制动，其目的是为了充分发挥司机的驾驶技巧，增强司机的责任感。

——在闭塞区间的限制速度上，新干线ATC在闭塞分区入口处即开始监控列车运行速度，而TVM300在闭塞分区的出口处才检查列车速度是否超过该分区的限制速度，为此在停车信号后方还要设一个防护区段。

——在轨道电路方面，新干线ATC采用有绝缘轨道电路，而TVM采用UM71（或UM2000）型无绝缘轨道电路。

前面已经讲过，在保证行车安全上，阶梯式速度控制模式足够了。但是在乘坐舒适性、缩短列车追踪间隔等方面，阶梯式速度控制模式还有许多不尽如人意的地方。因此，法国在北方线开通时，也开始使用新一代列控系统——TVM430系统。

2 TVM430分级曲线速度控制

和TVM300一样，TVM430仍然给定每一个闭塞分区一个目标速度。不同的是，

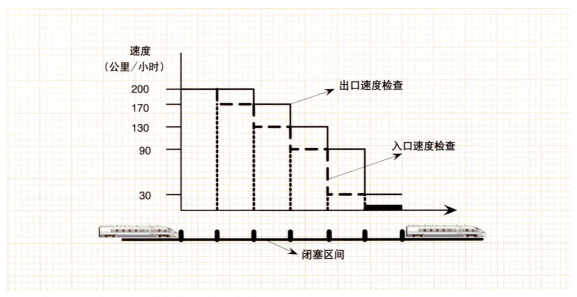

⬆ 日本新干线ATC与法国TVM300阶梯式速度控制曲线比较

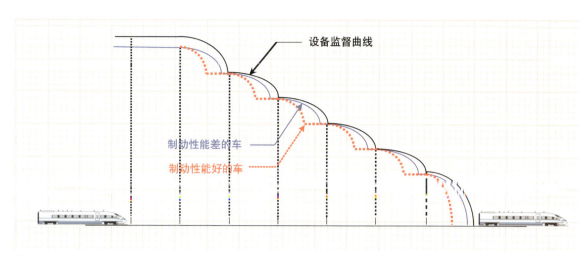

制动性能差的车
制动性能好的车
设备监督曲线

↑ 法国TVM430曲线式分级速度控制

↻ 法国TGV-A型试验列车1990年5月18日创造时速515.3公里世界纪录实况

TVM430不再采用阶梯式曲线控制模式，而是采用分级曲线控制模式。所谓分级曲线模式，就是各闭塞分区的制动曲线是根据线路数据、目标距离和列车自身性能通过计算得到——与新干线数字ATC的速度控制相似，然后再将各分区的速度控制模式曲线相连，形成分级速度控制模式曲线。

第4节 德国的高速列控系统

与日、法的高速列控系统相比，德国的高速列控系统——LZB 系统有些与众不同。

日本、法国的高速列控系统靠轨道电路来传递各种控制信息，德国却不用轨道电路，而是用铺设于两根钢轨之间的交叉电缆环线来实现车地之间的双向通信。交叉环线沿着钢轨每 100 米交叉一次，它有两个作用：一是使列车与地面设备之间以感应通信方式实现车、地双向通信，车载设备可以将自己的精确位置、实际速度、列车设备工作状况等信息及时传递到地面列控中心，同时，地面列控中心根据运行计划、线路条件、进路信息等生成移动授权，通过交叉环线传递给列车；二是实现列车定位，列车通过环线交叉点计数和计程传感器来确定列车的实际位置。

LZB 系统采用连续目标－距离模式曲线控制方式。

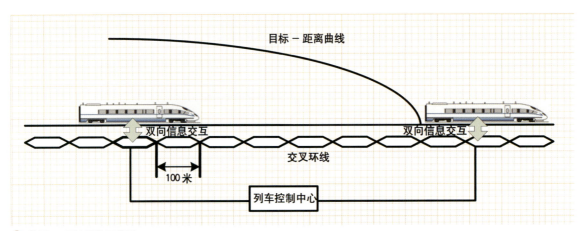

↑ 德国LZB列控系统示意图

← 1988年5月8日ICE试验列车以时速406.9公里创造当时的世界纪录

停靠在法兰克福中心站的ICE高速列车

第5节 中国的高速列控系统

京津城际、武广、京沪等高速铁路的列车最小追踪间隔只有 3 分钟，这些高速铁路采用了哪种列车运行控制系统，从而保障其高速度、高密度下的列车安全和运行效率呢？

CTCS 是英文 Chinese Train Control System 的缩写，意为"中国列车运行控制系统"。

CTCS 划分为 CTCS-0 级、CTCS-1 级、CTCS-2 级和 CTCS-3 级四个级别。我国高速铁路主要采用 CTCS-2 级和 CTCS-3 级，其中

CTCS-2 级适用于最高时速 200~250 公里的线路，而 CTCS-3 级适用于最高时速 250~350 公里的线路。

CTCS-2 级和 CTCS-3 级列控系统的最大区别在于地面设备与高速列车车载设备之间的通信方式，前者只能实现从地面到列车的单向通信，而后者借助铁路 GSM-R（全球移动通信系统,Global System for Mobile communications for Railways) 无线通信网络实现地面与列车之间的双向通信，显然后者的信息传输量和实时性大幅提升。CTCS-2 级的列车最小追踪间隔一般为 5 分钟，而 CTCS-3 级可满足最小追踪间隔 3 分钟的运行要求。

这里，我们简单地介绍一下 CTCS-3 级列控系统的基本原理。

如图所示，CTCS-3 级列控系统由地面设备和车载设备两部分组成。地面设备包括无

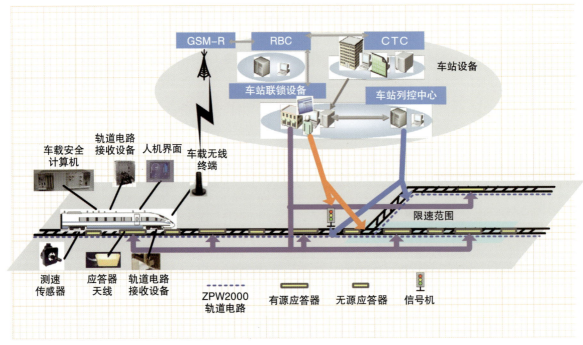

↑ CTCS-3D列车运行控制系统示意图

线闭塞中心（RBC：Radio Block Center）、列控中心、轨道电路、联锁设备、应答器等。车载设备由安全计算机、轨道电路接收设备、GSM-R 车载终端、测速传感器、应答器天线等组成。

无线闭塞中心 RBC 是 CTCS-3 级列控系统的核心设备，它根据线路固定限速等线路特性、轨道占有信息、联锁进路状态等，向车载列控设备发出行车许可和列车控制信息。车载设备则根据地面接收来的信息进行综合处理，生成目标距离控制模式曲线，通过人机界面显示给司机，司机就可清楚地知道列车的目标速度、列车当前速度、距前方停车点的距离等信息，指示司机安全、高效驾驶。

🔼 行驶在合武线的CRH高速列车

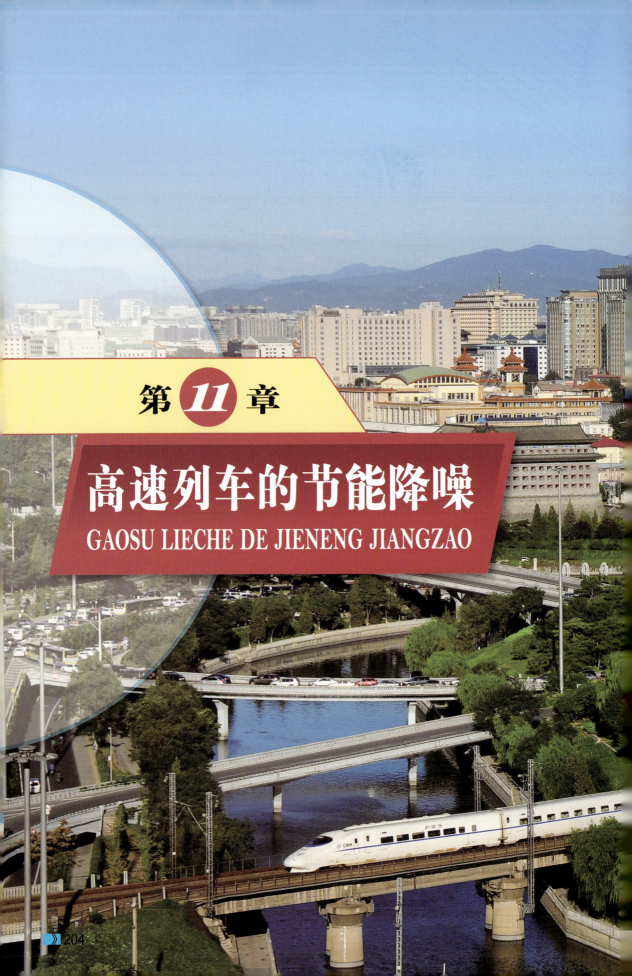

第11章

高速列车的节能降噪

GAOSU LIECHE DE JIENENG JIANGZAO

第1节　节能节能再节能

在各种交通工具中，高速列车已经是名副其实的节能优等生。德国航空和空间技术研究院的风洞试验表明，ICE高速列车在能耗上远比最省油的"空中客车"飞机及小轿车更省能源。如以平均每人每百公里能耗进行比较，ICE高速列车在时速300公里时平均每人每百公里的能耗相当于2.85升汽油；但以平均载客量计算的轿车在比较省油的时速150公里时平均每人每百公里的能耗则达到6升汽油，是ICE的2倍；空中客车320飞机的费油更不用说了，其每人每百公里的能耗为7.7升汽油。

但设计者们还不满足，总是想尽一切办法，争取在节能方面更上一层楼。节能的方法很多，可以从优化列车运行曲线入手，也可以通过优化列车运输组织方式入手，还可以通过对变电所输出电压的优化控制入手。这里，我们只讲高速列车本身的节能技术。

要想制造出更加节能的高速列车，设计者们通常采用这样三种手段：一是车辆轻量化；二是减小列车运行空气阻力；三是制动能量回收再利用。

1　车辆轻量化

列车越轻，牵引需要消耗的能量就越少，道理再简单不过。另外，轻量化可以节约材料，降低制造时的能源消耗。因此，设计者们总是想尽一切办法，从材料、结构、新技术等多方面来减轻车辆重量。

以车体材料为例，日本早期的0系、100系列车的车体是钢材料，法国第一代高速列车TGV-PSE也同样采用了钢制车体，今天看来，这样的车体太笨重了！但这怨不得当时日本、法国的设计者和制造商们，受当时材料和焊接工艺技术水平的限制，他们没有其他更好的选择。后来，金属材料技术和焊接技术进步了，铝合金材料很快成为高速列车车体材料的首选。例如，日本0系列车车体重达8吨，而采用铝合金材料的300系的车体只有6吨，体态轻盈得多了！

2　减小空气运行阻力

列车运行空气阻力与速度的平方成正比，因此，高速列车运行所需电能的绝大部分都被我们看不见、摸不着的空气吞噬了。世界高速列车形态各异的流线型车头，光滑平整的车体外形，这些，主要都是为了减小空气运行阻力。

3　制动能量回收再利用

高速列车采用交流传动技术后，交流电机很容易就能把列车的动能转化为电能返送回电网，达到节能的目的。高速列车制动时，牵引电机变成了发电机，将列车制动时惯性动能转化成电能，并回送到接触网的过程，我们称之为"再生制动"。

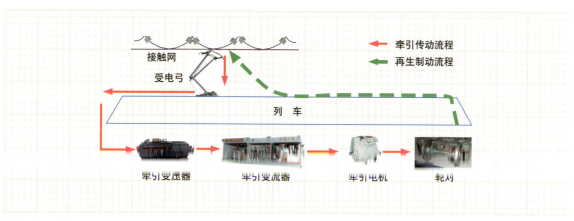

接触网
受电弓
列车
牵引变压器　牵引变流器　牵引电机　轮对

→ 牵引传动流程
⇢ 再生制动流程

⬆ 再生制动的能量传递途径

⬆ 高速铁路是绿色的交通方式

第2节 降低噪声 保护环境

↑ 高速铁路隔音墙

作为大容量、高密度的运输工具，高速铁路单位运输量所产生的二氧化碳、二氧化氮等有害气体与其他交通工具相比非常少。例如，承担着东京至大阪之间80%客运量的新干线，单位运输量产生的二氧化碳仅为轿车运输的1/8。应当说，高速铁路是相当环保的运输工具了。

那么，高速列车运行还会带来怎样的环境问题呢？

凡事有一利必有一弊，高速列车速度快，必然的，车体与空气、车轮与钢轨、受电弓与接触网等，会产生强烈摩擦，发出令人难忍的噪声。你会说，我坐过动车组，车厢里很安静的嘛——这是专家们为车内"降噪"所做的艰苦努力取得的实效。

站在离高速铁路线路不远的地方，或者在站台上，每当高速列车飞驰而过，你就会感到地面有轻微的振动，同时听到一种很难用一个象声词来形容的独特噪声。振动、噪声是高速列车对环境的两种主要公害，除此之外，电磁辐射等也是常被人们提及的公害。

这些公害中，噪声的"群众影响力"可谓最大，为了抑制噪声，高速列车的设计者们可实实在在地下足了功夫。

高速铁路从日本开始，新干线沿线人口密度高，因此，日本是世界上最先知道高速列车运行噪声有多么令人讨厌、多么令人烦恼的国家。

东海道新干线在建设之初，设计者们的主要精力都放在如何安全、可靠地实现列车210公里/小时的高速运行上了，对列车运行产生噪声问题并未过多地关注，这是情理之中的事情，毕竟那时世界上还没有高速铁路的先例可循。新干线刚开通时，列车运行密度不是太高，从东京到大阪每小时只开行两列车，东海道新干线每天投入60列车运行。然而，随着客流的激增，开通后不到10年时间里，东海道线每天开行的列车数竟达到当初的4倍之多。频繁通过的新干线列车产生的振动和噪声，让沿线居民感觉越来越痛苦。1974年，名古屋地区沿线居民以噪声公害为由，一纸诉状将国铁告上了法庭，直到1986年双方才达成了和解。1975年，日本环境厅依照公害对策基本法颁布了《新干线铁道噪声相关环境标准》。这个标准规定，在住宅地区，新干线车外噪声不得超过70分贝，在商业工业地区，车外噪声则必须控制在75分贝以下。

分贝是衡量声音强度的单位。70 分贝是个什么概念呢？1 分贝是人类耳朵刚刚能听到的声音。20~40 分贝是人们喃喃细语说悄悄话的音量。40~60 分贝属于我们正常的交谈声音。60 分贝以上就属于吵闹范围了，70 分贝我们就可以认为它是很吵的，并开始损害听力神经。75 分贝就达到了人耳舒适度的上限。汽车发出的噪声小于 80~100 分贝。

日本环境厅的标准颁布后，如何控制高速列车运行噪声成为日本高速列车专家们大力研发的一项主要技术，时至今日，其研究的步伐依旧没有停止。

要讲高速列车的降噪技术，我们首先就需要知道：噪声源到底在哪里？高速列车的运行噪声是多种声音的混合体，我们很难用一个象声词来准确地描绘它，只有靠你自己去亲身体会了。归结起来，高速列车噪声源主要有轮轨噪声、空气动力噪声、受流系统噪声和建筑物噪声 4 种。

1 减少轮轨噪声

车轮在钢轨上滚动时，由于轮轨间相互的作用力引起两者摩擦振动而产生的噪声，叫轮轨噪声。这种噪声以列车速度的 2.5 次方的比例增大。

如何才能减小轮轨噪声呢？

首先可通过车辆轻量化来达到目的。例如，新干线列车轴重从 0 系的 16 吨发展到 300 系、500 系、700 系的 11.4 吨，其主要目的就是为了抑制住噪声。也就是说，为了抑制噪声迫使日本提高了车辆轻量化技术。特别要说明的是，减轻簧下质量对减低运行噪声是特别重要的。

其次，维持轨道的平顺，减小车轮踏面的凹凸，也是减小轮轨噪声的有力、常用的手段。要维持轨道平顺，高速铁路采用没有接头的无缝钢轨，对钢轨头顶部进行定期研磨。要减小车轮踏面的凹凸，除了通过控制手段尽量不让车轮出现磨平现象外，也需要对车轮进行定期检查，出现凹凸超过规定值时，要对车轮进行切削研磨。

其三，在高速铁路两侧设置隔音墙（也称声屏障）也是有效的降低轮轨噪声对沿线影响的方法。

2 降低空气动力噪声

看不见、摸不着的空气不但在列车运行阻力中扮演最主要的角色，为列车牵引制造麻烦。在运行噪声方面，空气同样是一个难缠的家伙。高速列车在空气中高速运行时，

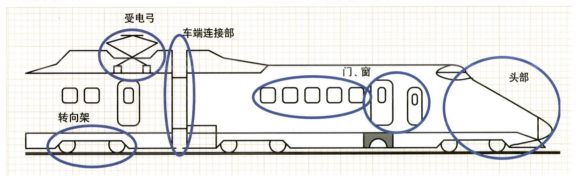

↑ 高速列车主要空气动力噪声源

⬆ 动车组驶出北京

车体或车载设备与空气摩擦就会产生空气动力噪声，其大小与运行速度的 6~8 次方成正比。假如我们把列车速度从 200 公里 / 小时提高到 300 公里 / 小时，那么空气动力噪声将提高 10~14 分贝。

　　要降低空气动力噪声，首先需要一个细而长的流线型车头。根据空气动力学原理设计车头流线型时，不但要考虑减小空气阻力，还得兼顾到噪声问题。另外，车体外形表面的凹凸部位，也会带来空气动力噪声增大的问题，因此，设计者们对此也是颇费了些功夫：尽量减

小车窗、车门与车体的表面高度差；尽量让车辆连接部的风挡（内风挡是连接车辆间的通道，外风挡是为降低车间连接部位空气阻力和气动噪声等目的而设置的圆滑过渡部件）与车体浑然一体；还有减少车顶装置等等。

　　由于受电弓位于车顶，因此受电弓与空气摩擦产生的噪声传递得更远。从经济的角度考虑，隔音墙一般不可能建得太高，因此，隔音墙对受电弓的空气动力噪声的降噪效果也相当有限。既然对隔音壁不能抱什么期望，设计者们只好在受电弓外观上下功夫了：安

装导流罩、开发低噪声受电弓、采用低噪声绝缘子，这些都是设计者们采用的主要手段。

3 防止受流系统噪声

受流系统噪声由 3 种噪声组成：

——受电弓离线时拉弧产生的噪声；

——受电弓滑板与接触网导线滑动接触引起摩擦振动而产生的噪声；

——受电弓、导流罩、绝缘子等设备与空气摩擦产生的气动噪声。

受电弓离线时，伴随拉弧现象的是"啪啪"的拉弧噪声，就像我们在家里有时快速拔除家用电器插头时看到的现象那样。因此降低离线率对减小拉弧噪声是非常重要的。法国 TGV、德国 ICE 高速列车在运行时，一般只使用一台受电弓。16 辆编组的日本新干线列车从早期采用 8 台受电弓受流，发展为目前的采用 2 台受电弓受流，前、后受电弓用高压母线相连的方式，这种方式在 1 台受电弓离线时，由于在电气上并没有被切断，因此，有效地防止了拉弧噪声。

高速列车以 200 或 300 公里以上的时速运行时，在站台上我们可以清晰地听到受电弓与接触线之间滑动产生的独特噪声。影响这种噪声大小的因素主要有受电弓滑板与接触线材料、滑板与接触线的表面状态以及受电弓本身的振动特性等。法国、德国的高速受电弓滑板采用碳素材料，而日本的高速受电弓滑板多采用金属滑板，单从受电弓与接触线滑动接触产生的噪声来讲，法国和德国的要大得多。

受电弓等受流设备与空气摩擦产生的空气动力噪声，我们在空气动力噪声的地方已讲过了，在此不再重复。

4 克服建筑物噪声

高速列车通过桥梁等建筑物时，建筑物受到车辆运行的激励振动也会产生噪声。为了克服这种噪声，除了在建筑物结构上下功夫外，通过车体轻量化、减轻簧下质量等手段也取得了良好的效果。

当然，除以上介绍的 4 种噪声源外，还有从车辆运转设备或装置产生的噪声等，由于它们在列车运行噪声中所占比例很小，这里就不详细说明了。

↑ 高速列车驶出隧道

为什么高速列车不需要安全带？

文/杨中平 曹 源

我们知道，乘坐飞机时，在飞机起飞或降落过程中，空姐会提醒我们系好安全带。即便在飞行途中，空乘人员也会建议我们全程系好安全带，以防因气流引起的颠簸导致意外受伤。汽车上也是有安全带的，交规规定，在驾驶汽车过程中，司机和副驾驶座上的乘客必须系好安全带。我们也知道，在时速达200公里以上的高速列车上，安全带却是芳踪难觅。速度上，飞机比高速列车快，汽车比高速列车慢，为何偏偏速度居中的高速列车上没有安全带？

纵向冲击的控制

也许你有过这样的体验，当高速列车驶离车站时，假如你正在专心看书或阅报，抑或你正在与朋友快乐聊天，你有可能意识不到列车已经出发了。与此形成鲜明对比的是，飞机在滑行道上开始加速时，橡胶轮胎与滑行道剧烈摩擦导致的机体震颤，机舱内巨大的噪声，因惯性导致的身体明显后倾，这些都在告诉你：飞机将要起飞了！

高速列车起动加速时到底有多平稳呢？有探究之心的乘客爱在座椅小桌板上立一支香烟来验证，一般情况下，即使列车从零加速到最高速300公里/小时乃至以上，香烟也会一直骄傲地挺立在那里——确实有些神奇！

秘密到底在哪里？

我们把列车沿轨道前进的方向称为纵向，秘密就在于高速列车对纵向冲击的精准而严格的控制。而且，对纵向冲击的控制是贯穿列车运行全过程的，而不局限于起动加速时。

速度、加速度是我们非常熟知的概念。但我们既不是用速度，也不是用加速度的大小来反映纵向冲击的大小的。可能有人容易想到，把加减速度和减速度设计得小一些，加减速时我们在车里前倾后仰的程度不就小一些了吗？这种说法不全对。事实上，别看高速列车的最高运营速度远高于地铁列车，但前者的加减速度却远低于后者，仍然以CRH380A型动车组为例，其目前最高运营速度为300公里/小时（性能上最高运行速度可达380公里/小时），起动加速度为0.55m/秒^2。而一般地铁列车的最高运营速度虽然只有70~100公里/小时左右，但加速度一般为0.83~1.0米/秒^2，而常用减速度一般在1.0米/秒^{2}左右。如果你乘坐过高速列车和地铁列车，你就知道，在加减速时两者都非常平稳。顺便说明一下，地铁列车的加减速度远高于高速列车，主要是因为地铁列车起停频繁，较高的加减速度有利于缩短运行时分，减小发车间隔，而高速列车的运行时分主要取决于途中以高速运行时间的长短，起停时加减速度的大小对全程运行时分的长短影响很小。

列车的纵向冲击是用"加加速度"和"减减速度"来评定的。

我们知道，速度的微分就是加速度，如果我们再对加速度微分，就是加加速度了，同样，减速度的微分就称为减减速度。加速度和减速度直接反映了速度变化的快慢，与此相同，加加速度和减减速度直接反映了加速度和减速度变化的快慢。高速列车起动时的距离、速度、加速度、加加速度的关系如下图所示。从图中我们可以看出，列车起动时，并不是一下子达到要求的加速度，而是渐变增加达到的。

加加速度和减减速度的英文是 Jerk，单位是米／秒^3。

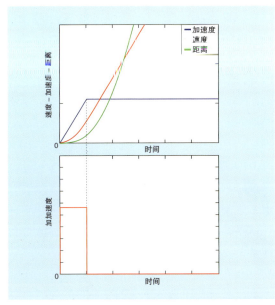

⬆ 起动加速时的距离、速度、加速度、加加速度的关系示意图

加加速度和减减速度与列车加减速时的纵向冲击有什么关系呢？简单地说吧，如果加加速度或减减速度的数值越小，则列车加减速时越平稳，越不容易出现乘客前倾后仰的不快场面。当然这个数值也不能太小，太小则会影响加减速时间。以飞驰在京沪高速铁路上的"和谐号" CRH380A 型动车组为例，它的加加速度和减减速度值要求必须小于 0.75 米／秒^3。

要控制高速列车的加加速度和减减速度，在电机驱动技术高度成熟发达的今天是非常容易实现的，我们只需对电机输出转矩进行精准的控制就可以了。除电机控制外，高速列车还通过车间阻尼器、车钩等装置来抑制纵向冲击。

高速列车对纵向冲击的大小有明确的技术要求，有严格的控制，这是高速列车不需要安全的原因之一。

横向和垂向加速度的控制

高速度列车总是沿着轨道飞驰，把我们送到目的地。从宏观上看，高速列车只是沿着纵向方向在运动。事实上，运动受到轮轨约束的高速列车，如下图所示，其运动共有 6 个自由度，即纵向（x 轴方向）、横向（y 轴方向）、垂向（z 轴方向）的直线运动以及围绕 x、y、z 三轴的旋转运动。前面我们谈完了纵向冲击的控制，让我们再来看看高速列车的横向和垂向运动的情形。

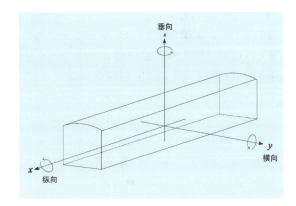

⬆ 车体运动的 6 个自由度

先说说飞机和汽车吧。

"天高任鸟飞"，在空中飞行的飞机正如翱翔在空中的铁鹰，在飞行平稳的时候，透过机窗欣赏蓝天白云，确实为旅途平添几许惬意。但"天有不测风云"，倘遇上不期而至的气流引起飞机毫无规则的剧烈颠簸，为了自身安全，我们都会立即系好安全带的。因此，无论从飞机的横向、纵向还是垂向运动看，飞机上的安全带都直接保护着我们的安全。

汽车在横向、纵向和垂向的运动状况，决定于道路本身的物理状况、道路交通状况、汽车性能、行驶速度、司机的驾驶水平等。但不管怎样，如遇司机紧急刹车，不系安全带有头撞挡风玻璃或前排座椅的危险；司机快速急转弯或紧急避让行人时，在离心力的作用下，不

⬆ 飞驰的高速列车，在任何情况下都会有严格的横向和垂向振动加速度限制，确保行车安全和舒适度

系安全带有被甩离座位或与车门剧烈碰撞的危险；在崎岖不平的山路行驶时，不系安全带我们有头碰车顶的危险。一句话：乘汽车需要系好安全带！

高速列车在横向和垂向运动的情形与飞机、汽车完全不同。

两条钢轨，牢牢地限制着高速列车的运动空间。受轮轨接触的约束，高速列车运行过程中虽然始终伴随着横向晃动，但这种晃动被限制在一个很小的范围内。垂直方向上，由于高速铁路的线路采用无砟轨道、长钢轨，且对轨道的不平顺度有非常严格的限制，因此，在运行过程中，虽然高速列车始终有垂向振动，但绝不会发生像汽车在凹凸不平路面上行驶时发生的腾空而起的场面。

乘坐高速列车时，你有过感觉在离心力的作用下被横向甩出去的感觉吗？有过被抛向空中的感觉吗？

不会的。因为，对高速列车的横向和垂向振动有严格的明确的技术要求！

⬆ 平稳运行的高铁列车上经常可以看见办公的商务旅客。这种舒适环境是其他交通方式很难相比的

我国对 200 公里 / 小时以上速度等级的高速动车组车体的横向和垂向振动加速度的规定是：必须要小于或等于 2.5 米 / 秒²。例如，"和谐号" CRH380A 型高速动车组以 300 公里 / 小时速度运行时，客室中部的横向最大加速度只有 0.043g（g: 重力加速度, 9.8 米 / 秒²），即 0.42 米 / 秒²，可见十拥平稳。

对高速列车运行平稳性的严格要求，对横向和垂向振动加速度最大值的明确规定，两者足以保证乘客的乘坐舒适度和安全，这是高速列车上不需要安全带的第二个原因。

追尾（相撞）的防护

追尾，是常见的汽车事故。如果汽车发生追尾，司机或车内乘客又没有系安全带的话，那就很容易造成人员伤亡。与汽车的追尾事故频发相比，无论是普速列车还是高速列车都极少发生追尾或相撞事故，原因何在呢？

如果说汽车会不会发生追尾主要依赖于人（司机）的操控的话，高速列车则主要依赖于装置和设备，具体来讲，就是靠列车运行控制系统（简称列控系统）来防止追尾或相撞事故的发生的。

要讲列控系统，我们先得对"闭塞"这个术语进行说明。所谓闭塞，如下图所示，就是通过技术的手段，把一条完整的线路分成多个一定长度的区间，每个区间称为一个闭塞区间或一个闭塞分区。在保证行车安全方面，闭塞区间的作用可太大了！假如某列列车进入了某

个闭塞区间，那么该区间就被占用，不会再允许其他列车进入该区间了。换言之，同一时间、同一闭塞区间内决不允许有两列以上的列车存在 —— 通过这一原则确保了列车的安全。虽然铁路的速度在不断提升，技术也在不断的升级，但是闭塞原则从列控系统的诞生起就从没有改变过，一直是其保证安全的基本原则。

对于高速铁路的列控系统来说，闭塞保证安全的原理虽然简单，但是实现起来还是需要一定的技术手段，由于钢轨的良好的导电性，因此，轨道电路也就应运而生。最简单的轨道电路原理如下图所示，当有列车驶入闭塞区间时，电流便会流经列车车轴，而不会流经继电器，继电器因失去电流而失磁，接点接通红灯之电路，信号机显示红灯，禁止后续列车进入。即使轨道发生了断裂，轨道电路因此阻断，造成继电器失磁，同样的信号机也会显示红灯，仍可保障列车行驶安全。当列车驶离整个闭塞区间，继电器便会重新激磁，绿灯便会再次亮起后续的列车能够继续通行。我国的高速铁路基本都是采用轨道电路来实现闭塞的。

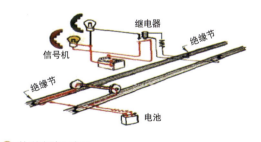

↑ 轨道电路示意图

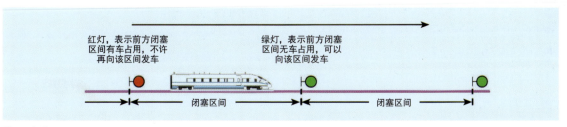

红灯，表示前方闭塞区间有车占用，不许再向该区间发车

绿灯，表示前方闭塞区间无车占用，可以向该区间发车

闭塞区间　　闭塞区间

↑ 闭塞的原理

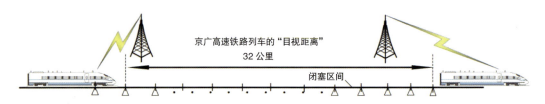

京广高速铁路列车的"目视距离"
32 公里
闭塞区间

京广高速铁路的可视距离

以京广高速铁路的列控系统为例，将全线等分为一个个 2 公里长的闭塞区间，每当车辆行驶至某个区间内，那么就认为整个闭塞区间被占用（列车在正在进入或正在驶离某个闭塞区间时，会被认为同时占用两个闭塞区间，直至列车出清）。而在列车在追踪的时候，后车一直会根据前边被占用的闭塞区间的情况进行车辆的控制，因此，越早知道前方列车（占用的闭塞区间），那么在进行车辆控制时可以说就越有把握。所以，京广高铁采用先进的无线通信技术来传输这些信息，大大增加信息的传输距离和极大减小信息的传输时间，后方车辆能够"看到"多远的距离呢？答案是 32 公里（上图）。这相当于给每辆安装了一个"千里眼"，

因此，车辆的安全性不仅能够得到保障，还使得列车控制也游刃有余。

列控系统的存在，防止了高速列车追尾或相撞事故的发生，这是高速列车不需设安全带的第三个原因。

国外关于安全带的研究

看来，高速列车正常运行时，安全带是完全不必要的。但还有一个问题，那就是，万一高速列车发生了追尾、脱轨等重大事故，如有安全带会不会减少乘客的伤亡？这个疑问，国外早就有人提出过，也有科研机构对此进行了专门研究。例如，英国运输研究室的理论研究和实际测试表明，列车发生纵向碰撞时，虽然

少部分乘客可能因安全带的固定作用而避免了被甩出车外的危险，但更多的乘客却因此而失去逃生的空间，更容易受到车厢结构坍塌所造成的伤害，因为他们无法进行有效的躲避。欧洲的铁路安全权威人士也曾明确提出过反对在列车上安装安全带。

也许，我们多少会对"列车上有安全带反而更不安全"这一结论心存疑问。我们不妨进一步想，假如真的在高速列车上安装了安全带又如何？

渴望自由，讨厌拘束是人类的天性。在各种各样的交通工具中，毫无疑问，列车是极其安全的交通工具是不争的事实。作者根据我国公开的文献，对我国从 1990 年至 2012 年的铁路、民航、公路交通因事故造成的乘客死亡数据统计，按每发送 1 亿人·公里来计算，铁路、民航、公路三者造成的死亡人数分别为：0.003人、0.04 人和 9.39 人，将死亡人数换算成比例则为：1:13:3130。这组数据，我们可以通俗地理解为，铁路比民航要安全 10 倍以上，比公路交通则安全 3000 倍以上。如果你有兴趣去查查其他国家的数据，也会得到相似的结论。

在安全系数如此高的列车上，即便安装了安全带，会有多少人去系上呢？

还真有国家做过这方面的实验。1999 年，芬兰就在某商业运营列车中的三节车厢的座椅上加装了安全带，经过长达一年的测试，结果是：只有 1.1% 的乘客选择了系安全带！绝大多数乘客不愿意把自己束缚在座椅上。结局自然不言自明，芬兰铁路此后并没有在列车上推广安全带。

总之，国外的研究和实验也表明，高速列车上确实没有必要设置安全带。

↑ 欧洲最新式的 AGV 高速列车一等座。同样可以看到并没有安全带的设置

结 束 语

　　从 2007 年"和谐号"CRH 动车组在中国亮相开始，只经过了短短的五、六年时间，中国已一跃成为名副其实的世界高速铁路大国。

　　尽管高速铁路不是我们的首创，但快速发展的经济、辽阔的国土、巨大的客流需求，都为中国人修建自己的高速铁路提供了施展才能的无比广阔的空间。数以百万计的中国高速铁路建设者，以他们的勤劳和智慧，在近几年为世界高速铁路界吹进了太多的新风：

　　世界最高商业运营时速 350 公里列车的开行；

　　商业运营的动力分散式高速列车 CRH380A 创造的 486.1 公里／小时的试验速度；

　　世界独有的卧铺高速列车的开行；

　　运营里程达 2298 公里的世界最长的高速铁路；

　　防高寒的哈大高速铁路；

　　……

　　但中国高速铁路前进的步伐没有、也不应该停止。还有太多的人们在翘首以待高速铁路修到自己的家乡，中国高速铁路也需要早日走出国门展示自己的风采，面向更加高速、安全、舒适的目标，也还有很多的科学技术问题等待我们去研究。

　　如果我们把视野稍微放宽一点就会发现，高速铁路的意义远不止它只是一种现代化交通工具那么简单，它对整个国家经济的促进，对国家相关领域技术发展的推动，对国家形象的提升等都具有非同寻常的意义。

　　让我们深深地祝福中国高铁！

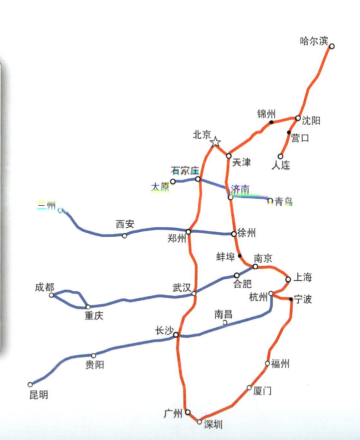

鸣　谢

　　本书新版能够顺利完成，首先要感谢《铁道知识》杂志社的罗春晓编辑，他在提供书中大部分图片的同时，还提供了部分欧洲高速列车的信息和图片，为本书增色不少；中国铁路总公司的单威处长、长春轨道客车股份有限公司的赵明花总工程师和张文忠先生、唐山轨道客车股份有限公司的孙帮成总工程师、青岛四方机车车辆股份有限公司的金泰木高级工程师等为作者提供了我国高速列车的相关信息；北京交通大学的曹源博士为撰写中国高速列控系统一节提供了帮助；中国铁道出版社科普编辑部许士杰主任和宋薇编辑为本书新版做了很多工作，在此一并表示感谢。

　　新版沿用了第一版较多资料，中国北车集团钱士明、杨雄京，中国南车集团姜静，中国科技会堂沈萌，日本友人市川正人先生等曾给予过热情帮助和支持；书中部分技术类图片由于年代久远或作者不详等原因，未能一一署名，在此谨致谢意。

杨中平

2013 年 10 月